dtv
premium

GERLINDE UNVERZAGT

Wenn mal wieder alles nervt

Gute Gründe für schlechte Laune

Deutscher Taschenbuch Verlag

Von Gerlinde Unverzagt
ist im Deutschen Taschenbuch Verlag erschienen:
Patchwork – Familienform mit Zukunft (36289)

Originalausgabe
Februar 2003

www.dtv.de

Umschlagkonzept: Balk & Brumshagen
Umschlaggestaltung: SIS-Stock/Frank Renlie
Satz: Fotosatz Reinhard Amann, Aichstetten
Gesetzt aus der Apollo 11/13,25 und der Glypha
Druck und Bindung: Kösel, Kempten
Gedruckt auf säurefreiem, chlorfrei gebleichtem Papier
Printed in Germany • ISBN 3-423-24344-9

Inhalt

Für meine Freundin
Annette Schacht,
weil sie aus schlechtem Wetter
gutes machen kann

und

Für meine Lektorin
Hannelore Hartmann-Roeckelein,
ohne deren Idee das Ganze
nicht entstanden wäre

Heute war in meiner Mütze
Mir mal wieder gar nichts recht.
Und die Welt schien mir nichts nütze,
Und der Mensch erbärmlich schlecht.
Meine Ehgemahlin hab ich ganz gehörig angeplärrt,
Und aus lauter Wut
Begab ich mich ins Symphoniekonzert.
Doch auch dies schien nicht so labend
Wie ich eigentlich gedacht,
Denn man hat den ganzen Abend
Immer nur Musik gemacht.
WILHELM BUSCH

VORWORT:

Woher kommt die schlechte Laune?

Auch gute Menschen haben manchmal schlechte Laune. Na und? Dann rollt man sich eben zusammen wie eine Katze, kriecht so richtig in sich hinein, genießt diesen Zustand fast – und irgendwann ist der Anfall vorüber. Sogar Tiere haben schlechte Laune und tun dies kund: Chamäleons wechseln die Farbe, Makaken neigen im Alter zum Zähnefletschen, und selbst die ansonsten friedliebenden Kaninchen nehmen Angriffsstellung ein. Menschen im virtuellen Vis-à-vis können ihre Mundwinkel mürrisch mit Hilfe dreier Tasten herunterziehen. Der Frowny :-(ist das Symbol der Stirnrunzler, der Missvergnügten, der Stänkerer und signalisiert global: »Pass bloß auf. Ich bin schlecht drauf.«

Wehe, die schlechte Laune erwischt uns zum falschen Zeitpunkt. Dann nervt uns die Fliege an der Wand, dann nervt sogar das Gefühl, genervt zu sein. Von Kopf bis Fuß auf Ärger eingestellt, suchen wir Entladung und finden: tumbe Kollegen, politische Idioten, falsch gewählte Ehepartner, taube Kinderohren.

Die Vielfalt der Anlässe für schlechte Laune widersetzt sich jeder Klassifizierung. Die eigentlichen Gründe für Missmut, Reizbarkeit und Niedergeschlagenheit sind nur ausnahmsweise bewusst. Woran das liegt? Daran, dass wir buchstäblich »schlecht beieinander« sind, dass Kopf und Körper zurzeit nicht in Frieden miteinander leben, sondern geradezu gegeneinander arbeiten und noch dazu mit der ganzen Welt im Clinch liegen.

Viele Redensarten, in denen Menschen schlechte Laune nicht nur beschreiben, sondern sogar erklären, greifen auf den kapriziösen Zusammenhang zwischen Leib und Seele zurück. Da läuft eine Laus über die Leber, steht ein linker Fuß zuerst auf, ist nicht gut Kirschen essen. Für die fehlende Harmonie wird im Allgemeinen die Physiologie verantwortlich gemacht. Lifestyle-Guides setzen das in klingende Münze um und ratschlagen, wie der schlechten Laune beizukommen sei: Bananen oder Nüsse essen, ein schneller, zehnminütiger Spaziergang, Joggen, ein neuer Lippenstift ...

Zu wenig Serotonin, zu wenig Licht, zu wenig Zucker, zu wenig Schlaf: Scheinbar steht immer ein Mangel am Urgrund der miesen Stimmung. Aber warum sind wir manchmal niedergeschlagen, obwohl wir etwas tun, das uns normalerweise Spaß macht, oder obwohl gar nichts Schlimmes passiert ist? Und warum sind wir hin und wieder aus unerfindlichen Gründen glücklich, obwohl die Dinge eigentlich gar nicht besonders gut laufen – ohne Schokolade gegessen oder ausgeschlafen zu haben, mitten in der dunkelsten Zeit des Jahres? Da standen vielleicht gerade die Sterne günstig: Eine harmonische Konstellation von Jupiter und Mars im siebten Haus verbürgt eben Wohlbefinden. Oder das Gegenteil: Der rechte Winkel im Horoskop des reizbaren Stieres sagt doch schon alles!

Irgendwie kommt die schlechte Laune einfach über uns wie das Wetter. Vielleicht gibt es ja gar keine schlechte Laune, sondern nur schlechtes Wetter? Wie klimatischem Unbill ausgesetzt, sehen wir uns als das Opfer von Launen, die uns hinterrücks überfallen. »Ich bin einfach nicht in der Stimmung« entfaltet als Argument sogar eine gewisse Überzeugungskraft, wenn man einen Grund sucht, der Einladung ins Kino nicht zu folgen oder die Steuererklärung noch einmal auf später zu verschieben. Möglicherweise spiegeln Stimmungen einfach die gute oder schlechte Großwetterlage unseres Befindens wieder, die unser Denken, Handeln und Verhalten in vielen Situationen beeinflusst.

So oder so: Miese Stimmung lenkt die Aufmerksamkeit nach innen, lässt uns eher analytisch, genau, mühevoll, systematisch und detailorientiert denken, gute Laune hingegen blickt nach außen und zieht eher heuristisches, entspanntes und nicht zielgerichtetes Denken nach sich. Sind Stimmungswechsel ein Indiz für eine gewisse emotionale Intelligenz? Stimmungsumschwünge lassen auf eine robuste geistig-seelische Gesundheit schließen, sie können dem Therapeuten sogar signalisieren, dass eine Depression behandelbar ist.

Schlechte Laune hat durchaus gute Seiten: Eine positive Stimmung verringert das Denkvermögen. Deshalb versetzen sich manche Menschen absichtlich in schlechte Laune, um ihre Analysefähigkeit zu steigern, sich besser auf eine bestimmte Aufgabe vorzubereiten und sich weniger ablenken zu lassen. Das Procedere ist vergleichsweise einfach. Man wünscht sich Schnee im Sommer oder Sauerbraten, wenn es Spaghetti in der Kantine gibt, und kultiviert die Haltung, dass die Welt einem etwas schuldig ist. Der Nährboden für schlechte Laune lässt sich individuell gestalten, um beharren zu können: Meine schlechte Laune lass ich mir nicht verderben. Nicht von dir.

1. KAPITEL:

Und auf einmal stehst du neben dir ...

Heiter sein – das wär´s. Allen Gemeinheiten des Lebens mit heiterem Gemüt begegnen, sich vom strahlenden Frühlingswetter dauerhaft beflügeln lassen, allen Widrigkeiten gelassen begegnen, ja sogar die Vergänglichkeit des Irdischen in eine umfassende Heiterkeit einspinnen. Gut gelaunt genießen: Wer wollte das nicht! Schon weil uns mies gelaunt der Genuss unmöglich scheint.

Doch nichts liegt uns ferner. Schon das Wort ist uns reichlich fremd geworden. Als »angeheitert« bezeichnen wir allenfalls eine Stimmung, die sich in der Folge geselliger Umtrünke einstellt. Es hat keinen Zweck: Heiterkeit kommt im Wetterbericht und den Nachrichten von der Börse vor, und auch das selten genug.

Natürlich finden wir die Heiterkeit in der unmittelbaren Nachbarschaft des schunkelnden Frohsinns, wenn es zu Fasching darum geht, die Sorgen des Alltags zu vergessen und Platz für Späßchen, Gags und gute Laune zu schaffen. Doch nicht nur da, sondern auch im Radio wird unserer Stimmung auf die Sprünge geholfen: Allmorgendlich feuern quietschvergnügte Moderatoren ungerührt die ganze Breitseite an Witzen ab, kalauern uns mit Spaß-Häppchen über den Tag, um uns dann am Abend vor die Gag-Kanonen ganzer Heerscharen emsiger Comedians zu entlassen. Sie alle widmen sich dem gleichen Ansinnen: gute Laune zu bewirken und schlechte zu vertreiben.

Doch manchmal nutzt das alles nichts. Wir wollen uns wohl fühlen und wissen nicht wie. Um ein Lächeln auf unsere verhärmten Züge zu zaubern und die Welt endlich als die beste aller möglichen zu begreifen, scheuen wir nicht einmal vor teuren therapeutischen Klimmzügen zurück: Positiv denken kann man lernen, doch, doch, das Schwarzsehen überwinden – weg vom brodelnden Ärger über das schon wieder Schiefgelaufene, den blank liegenden Nerven, der nagenden Unzufriedenheit mit dem eigenen Lebensentwurf.

Mies drauf: So sieht´s aus

Die Stirnfalte verläuft senkrecht und bildet einen deutlichen Wulst zwischen den Augenbrauen. Die Lider darunter sind geöffnet, aber gleichzeitig angespannt. Die Oberlippe wirkt leicht angehoben und erinnert manchmal an die hochgezogenen Lefzen eines Hundes. Häufiger aber sind die Lippen fest zusammengepresst, die Mundwinkel weisen nach unten: Die typische Ärgermimik, wie sie der amerikanische Psychologe Paul Ekman als eine der sechs Basisemotionen neben Freude, Traurigkeit, Furcht, Ekel und Überraschung beschreibt, ist universell und wird auf dem ganzen Globus verstanden. Und zwar schnell: Über den Gesichtsausdruck und die Körperhaltung teilen wir Gefühle, damit verbundene Gedanken, Absichten und Wünsche unseren Artgenossen mit.

Ein Reisender berichtete dem großen Naturforscher Charles Darwin, dass sogar die Eingeborenen Australiens, wenn sie niedergeschlagen sind, den Mund hängen lassen. Und eine Gruppe Eingeborener in Feuerland versuchte dem Besucher mimisch zu erläutern, dass einer ihrer Freunde niedergeschlagen sei, »indem sie ihre Backen mit beiden Händen herabzogen, um ihr Gesicht so lang als möglich erscheinen zu machen«.

Eigentümlich geformte Furchen und Falten auf der Stirn, mit oder ohne Augenbrauenbeteiligung: Die Missstimmung hat viele Gesichter, das »Phänomen des Mürrischseins« erregte durchaus Darwins wissenschaftliche Neugier. Abwärts weisende Mundwinkel jedoch als das kleinste gemeinsame Vielfache in den Gesichtern der Welt werden so eindeutig überall als Zeichen einer gedrückten Stimmung erkannt, dass es beinahe sprichwörtlich geblieben ist, notierte Charles Darwin.

Sich unmittelbar, direkt und eindeutig, ohne sprachliche Reibungsverluste verständigen zu können ist ein enormer Vorteil, um die message eins zu eins rüberzubringen. Der Gefühlsausdruck ist etwas ganz Besonderes: Er legt sich unwillkürlich auf unsere Züge. Das dient der Glaubwürdigkeit. Wir trauen dem, was wir auf dem Gesicht unseres Gegenübers sehen, ja auch gerade deshalb, weil kein Wille dahintersteckt. Oder doch? Immerhin können wir in bestimmten Situationen Flunsch und Falte gezielt in strategischer Absicht einsetzen, um dem anderen zu signalisieren, dass wir gewisse Vorbehalte hegen.

Vielfältiger als Mimik und Gesten sind nur unsere sprachlichen Mittel, um eine negative Stimmung auszudrücken. Aber auch hier haben wir einen schnellen Weg gefunden: in der Metapher. Laus, Leber und linke Füße stehen für ein abgründig schillerndes und schwer fassbares Phänomen. Wie passt der Vorgang eigentlich in die Ordnung der Wörter und der Dinge? Was passiert, wenn die schlechte Laune den blanken Spiegel unserer Sprache beschlägt?

Bildlich gesprochen

Schlechte Laune ist das eine, ihre Erklärung, Bewertung und Rechtfertigung ein anderes. Auf dem Weg von der höchst privaten Stimmungslage, umweht vom Schleier der Diskretion wie Kleidergröße und Kontostand, zur kollektiv nachvollziehbaren Anwandlung, die jeden bisweilen befällt, bedienen wir uns drastischer Bilder. Wir stellen damit Gemeinsamkeit her: Schlechte Laune beschreiben wir so, dass andere Menschen in diesen Worten ihre eigenen Erfahrungen in ähnlichen Situationen wiedererkennen können. Mithilfe von Metaphern schließen wir die Stromkreise Verstehen und Verständnis kurz.

Die sprachliche Verbindung von körperlichen Zuständen mit seelischen Konflikten wird in der psychosomatischen Medizin »Organsprache« genannt. Ganz ähnlich illustrieren Körpermetaphern den Zusammenhang. Die Semiotikerin Dagmar Schmauks von der Technischen Universität Berlin hat an der Schnittstelle zwischen Linguistik und Psychosomatik geforscht und die Erscheinungen im Reich der Zeichen analysiert.

Beschädigungen an der Seele beschreiben wir parallel zu denen des Leibes: Da schlägt einem etwas auf den Magen, geht auf die Nerven oder gar an die Nieren. Man ist verletzt, hat Wunden, die mehr oder weniger gut verheilen, sofern nicht jemand Salz hineinstreut. Das wird auf jeden Fall Narben hinterlassen. Starke Erschütterungen lassen Herzen wie Knochen brechen. Die Amputation eines Körperteils bewirkt einen unersetzlichen Verlust. Aber auch im seelischen Bereich fühlt man sich wie amputiert, wenn man einen geliebten Menschen verliert oder die Fähigkeit einbüßt, zu vertrauen, Freude zu empfinden oder jemanden zu lieben.

Viele Umschreibungen im Deutschen sind Spielarten der Metapher, die Stimmungen als körperliche Bewegungen aufgrund eines körperlichen Kontaktes fasst. Dabei regiert das Passiv: Wir sehen uns weniger als handelnde Subjekte, sondern vielmehr als behandelte Objekte – die Opferperspektive überwiegt. Wir ergreifen nicht, sondern sind ergriffen. Oder gerührt, betroffen, aufgerüttelt, angefressen, niedergeschlagen, gereizt, bedrückt oder belastet, wenn uns etwas nahe geht. Und auch wenn uns das niemand so ganz glaubt: Wir werden eher genervt, als dass wir selbst nerven.

In Körpermetaphern beschreiben wir anderen nicht wahrnehmbare emotionale Vorgänge in Begriffen, die sonst wahrnehmbare Körpervorgänge betreffen. Schließlich kennen wir unseren eigenen Körper von allen Objekten am besten. Es liegt also nahe, seelische Vorgänge zu beschreiben wie körperliche. Mit den Gleichnissen, die wir bilden, erleichtern wir das Verstehen des schwer Wahrnehmbaren und die Verständigung darüber.

Zahlreiche schöpferische Wendungen drücken das nicht direkt Sichtbare in der Art eines Als-ob bildlich aus: Jemandem raucht der Kopf, er hat Tomaten auf den Augen, Bohnen in den Ohren oder ihm schwillt der Kamm. Eine Steigerung dieser Strategie sind die faktisch unmöglichen Übertreibungen: Jemand ist nass bis auf die Knochen, brüllt sich die Lunge aus dem Leib – oder ihm ist eine Laus über die Leber gelaufen.

Dabei bilden Körpermetaphern aber kein logisches, in sich geschlossenes System, sondern lassen scheinbar unbekümmert schier Unvereinbares nebeneinander gelten. Wie könnte es sonst sein, dass man einen Menschen im Herzen trägt, obwohl man ihm doch sein Herz geschenkt hat? Wie wäre es sonst möglich, mit dem linken Fuß aufzustehen und gerade deshalb den Alltag nicht mit links zu bewältigen?

Doch wir reden nicht nur in Bildern über unsere Empfindungen, sondern sie sprechen auch zu uns: Wo Linguistik und Psychosomatik Hand in Hand arbeiten, werden in den Wendungen, mit denen wir Emotionales ausdrücken, bestimmte gedankliche Konzepte freigelegt. »Gefühlsmetaphern beschreiben nicht nur Gefühle, sondern sie formen auch unsere Auffassung von diesen Gefühlen vor«, betont der Oldenburger Emotionsforscher Uwe Mees, »wir verstehen Liebe und Hass, Freude und Ärger so, wie unsere sprachlichen Metaphern uns das vorgeben.« Die glühende Liebe, der bohrende Hass, die helle Freude und der brodelnde Ärger – wir beschreiben in diesen Bildern keineswegs gegenständliche Realitäten, sondern unsere Vorstellung von ihnen. Sie sind Hilfskonstruktionen unseres Geistes, die wir als unentbehrliche Ordnungssysteme der Welt der Erscheinungen überwerfen, um nicht die Übersicht zu verlieren.

Gefühle sehen wir in Analogie zu konkreten Dingen, Substanzen oder Bewegungen, weil wir das Seelische, Abstrakte, Komplexe auf einer etymologischen Endmoräne des Körperlichen, Konkreten, Sinnfälligen erleben. Das Deutungsmuster für den Ausbruch von Wut etwa folgt einem physikalischen Vorgang, der uns vom Wasserkochen her geläufig ist, dem Ansteigen der Temperatur in einem mit Flüssigkeit gefüllten, geschlossenen Behälter. Wenn die Hitze ein bestimmtes Maß übersteigt, explodiert der Behälter – genauso wie Ärger sich anstaut, zum Zorn anschwillt und die Person die Kontrolle verlieren lässt. Solche anschaulichen Modelle öffnen uns ein Fenster, durch das wir unserem Geist bei der Arbeit zusehen können, weil sie unmittelbar über die Verfassung eines anderen Menschen oder einen Vorgang in uns selbst informieren – in einem klaren, genauen und plastischen Bild.

Die Beschreibung von Seelenzuständen mithilfe von Körperbildern kennt eine Vielzahl von Motiven, die oft sogar ganze Verhaltenskomplexe in Szene setzen: mimische wie ein stechender Blick, gestische wie sich die Haare raufen und aktive wie die Faust in der Tasche ballen. Sogar einzelnen Körperteilen wird ein eigenes Fühlen, Wollen und Handeln zugeschrieben: Das Herz lacht im Leibe oder hüpft vor Freude.

Dabei übertreiben wir gerne. Zwar richten wir nur den Blick auf die sprechenden Lippen eines anderen, doch wir sagen, dass wir sie nicht aus den Augen lassen oder sogar gleich ganz an seinen Lippen hängen. So erscheinen selbst die Dinge der Außenwelt belebt von den Anleihen, die wir vom Wissen um Aufbau und Funktion unseres Körpers beziehen: Jeder weiß, was gemeint ist, wenn wir vom »Auge des Gesetzes« sprechen, die Zustände in der »Ellbogengesellschaft« beklagen, den »Zahn der Zeit« spüren oder uns energisch dagegen verwahren, wenn jemand die Tatsachen »auf den Kopf« stellt.

Stimmungen: Soziales Wetter?

Wetter und menschliche Stimmungen sind vielfach aufeinander bezogen. Ob man nun ein Gesicht zieht wie sieben Tage Regenwetter oder gar aussieht, als sei einem die Petersilie verhagelt – diese Aussagen beschreiben die Wirkung einer großräumig wirkenden Naturkraft auf einen winzigen Bereich, der aber durch sein Umhegtwerden zum erweiterten Selbst zählt.

Den verschiedenen Arten des Niederschlags schreiben wir spezifische Eigenschaften zu, die den Bereich des physikalisch Messbaren weit übersteigen. Wie Regen empfunden wird, hängt nicht nur von seiner Heftigkeit und Dauer ab oder von der Trockenheit des Bodens. Das Spektrum unserer Zuschreibungen reicht vom erquickenden Mairegen über den Platzregen bis zu Hagel und Gewitter als den am meisten gefürchteten Varianten. Immer jedoch ist der Witterung schutzlos ausgeliefert, wer im Regen steht – ähnlich wie den Stimmungen, die einen plötzlich oder schleichend überkommen können.

Wetter und Stimmung sind eng verwandt. Hagel, Blitzschlag und Frosteinbruch können Blütenträume vernichten; als Wetterereignisse aber auch seelische Ereignisse spiegeln. »Diese Gleichnisse kodieren die saatenvernichtende Wucht dieser Wetterelemente so, als sei ihr Urheber eine bösartige Person«, sagt Dagmar Schmauks in ihrer linguistischen Analyse der Wettermetaphern.

Wenn unsere Sprache Gefühle und Stimmungen metaphorisch als Wesenheiten fasst, ist nicht der materielle Gehalt wichtig, sondern die Funktion, die eine solche Aufteilung – hier das Selbst, da die Stimmungen – für die zwischenmenschliche Verständigung hat. Diese Aufteilung ermöglicht nämlich, seine übellaunigen Taten zu entschuldigen. Das ist praktisch: Fliegende Tassen, patzige Antworten, boshafte Bemerkungen, giftiges Schweigen und alle anderen erdenklichen Spielarten von Unmutsäußerungen, die aus einer schlechten Laune heraus entstehen, dürfen mit Verständnis rechnen, weil sie einen Menschen einfach so, ohne weiteres eigenes Dazutun, überkommen haben. Wo nämlich Gefühle und Stimmungen wie eigenständige Wesenheiten am Werk sind, die einen heimsuchen und denen man ähnlich wie Naturgewalten ausgeliefert ist, kann man für sein Tun und Lassen nicht voll verantwortlich sein. Diese Entschuldigungsfunktion von Gefühlen und Stimmungen ist so überaus nützlich für das zwischenmenschliche Zusammenleben, dass sie sogar das scheinbar schizophrene Aufteilen des Menschen in mehrere Wesenheiten – das Selbst und die von ihm unterscheidbaren Gefühle und Stimmungen – rechtfertigt.

Mit dem kognitiven Konzept der Stimmung als Wetter schreiben wir eine Analogie fort, die viel von dem verrät, wie wir unsere Laune erleben: Wir konzipieren die Stimmung als etwas, das über den Menschen kommt und wieder geht, gerade so, als ob sich der entscheidende Kern des Menschen unabhängig von diesen Stimmungen begründen ließe und ganz ähnlich wie eine Landschaft den Launen des Wetters ausgeliefert ist. Ohne eigenes Zutun und ohne die Möglichkeit, das Geschehen zu beeinflussen, wird sie von Wolkenschatten verdüstert, vom Regen gepeitscht oder von Unwettern heimgesucht.

Annäherungen

Jede Freude ist eine Freude *über* etwas, und zwar etwas Bestimmtes. Keine Hoffnung ohne *auf*, keine Liebe ohne *zu* und keine Abneigung ohne *gegen* – die kleinen Wörter weisen die Richtung. Jedes Gefühl hat ein Objekt, auf das es sich richtet. Emotionen haben einen klaren Anfang, sind intensiv und lösen sich relativ schnell wieder auf. Stimmungen, die als eine Art Hintergrundrauschen länger andauern, ungerichtet, unterschwellig und zeitlichen Schwankungen unterworfen sind, färben von einer Zwischenebene des Bewusstseins aus unser gesamtes Dasein. Oder besser tönen?

Der Begriff »Stimmung« taucht im 16. Jahrhundert erstmals in der musikalischen Fachsprache auf und bezieht sich auf die Festlegung der Tonhöhe bei einem Instrument. Zweihundert Jahre später dient dieser Begriff auch dazu, etwas über die menschliche Seele zu sagen. »Das Wort ›Stimmung‹ deutet auf musikalische Seelenverhältnisse« – die etwas verträumte Bemerkung des Dichters Novalis läutet einen neuen Blick auf die »unbestimmte Grundverfassung der Seele« ein, der nun erlaubt, die Stimmung vom intentional gerichteten Gefühl zu unterscheiden. »Ist die Stimmungslage der Grundbass, welcher einförmig und gleichmäßig einherschreitet, so sind die Gefühle die darauf aufgebauten, wechselnden, bunten Aussetzungen und Melodien«, greift der Tübinger Philosoph Otto Friedrich Bollnow in den fünfziger Jahren des vergangenen Jahrhunderts das Klangbild auf und erklärt die Komposition: »Der schmerzliche Verlust schwingt noch lange in einer traurigen Gestimmtheit nach, auch wenn der besondere Anlass nicht mehr gegenwärtig ist.«

Stimmungen tauchen als Restgefühle auf und können als Abdruck von bestimmten Ereignissen noch anhalten, wenn die Ursache längst vergangen und dem Bewusstsein entfallen ist. Sie zittern wie Kondensstreifen in der Stratosphäre unseres Befindens, noch lange, nachdem der Düsenjet aus Ärger, Liebe, Hass, Ekel, Neid und Angst vorbeigezogen ist, und zeichnen ein rätselhaft verworrenes Muster in unseren Bewusstseinshorizont. Stimmungen amalgamieren viele kleine Ereignisse zu einer allgemeinen Haltung wie der, dass einfach alles schief läuft – der Nettowert positiver gegenüber negativen Hinweisreizen. Wie eine Matrix erhöhen Stimmungen die Wahrscheinlichkeit, dass ein dazu passendes Gefühl auftaucht. Dabei sind selektive Wahrnehmungsfilter und Aufschaukelmechanismen am Werk, die uns die Wirklichkeit deuten, so oder so: Schlechtgelaunte ärgern sich über die sprichwörtliche Fliege an der Wand, wer gut drauf ist, freut sich über die Blume am Wegesrand.

Im Gegensatz zu den Gefühlen geht es bei den Stimmungen

nicht um irgendetwas Bestimmtes. Kein simples Ergebnis einer simplen Reiz-Reaktionskette, kein Startschuss im Ursache-Wirkung-Mechanismus, sondern ein Monitor in Echtzeitausrichtung auf laufende Projekte und Interessen: Im Alltag werden Stimmungen nicht immer durch getrennte Ereignisse ausgelöst, die innerhalb oder außerhalb einer Person stattfinden. Sie spiegeln Dauertönungen des Erlebnisfeldes als allgemeine und diffuse Gemütsverfassung wider, geistige Zustände, die als angenehm oder unangenehm empfunden werden und den Einzelnen geneigt sein lassen, auf eigene bestimmte Weise zu handeln oder nicht zu handeln. In einer Figur-Hintergrund-Anordnung bilden Stimmungen den Hintergrund, auf dem die Gefühle und Gedanken als Figuren agieren. Der Hintergrund bleibt verschwommen, aber er lässt Ereignisse, Taten, Personen oder Objekte in einem bestimmten Licht erscheinen und bewirkt, dass wir Ton-in-Ton bewerten, was uns widerfährt. Mit anderen Worten: Stimmungen stehen für die gute oder schlechte Großwetterlage unseres Befindens, während Gefühle einen konkreten Inhalt haben.

Als »unfokussierter Wertungszustand« (Brian Parkinson) kann sich die Stimmung auf alle möglichen Objekte beziehen und tut das ja auch gerne: In gereizter Stimmung kann so gut wie alles und jedes als Behinderung oder Ärgernis erscheinen. Unser Alltagsverstand nimmt achselzuckend hin, dass es eben Tage gibt, an denen das Leben rosarot, schön und großartig erscheint, und dann wieder andere, an denen uns alles grau, trist und trostlos vorkommt. Ohne dass sich irgendetwas Bedeutsames geändert hätte, erscheint der Regen plötzlich als ein Haufen Wasser, der vom Himmel fällt, um überall schlechte Laune zu verbreiten. Schlechte Stimmung überkommt einen einfach so, manchmal schleichend, manchmal abrupt. Sogar wenn wir etwas tun, das uns normalerweise Spaß macht, sind wir nicht gefeit gegen die kalte Unterströmung bedrückter, niedergeschlagener oder gereizter Stimmung, die uns da auf einmal erfasst. Und manchmal sind wir auch aus eben denselben unerfindlichen Gründen glücklich, obwohl es gerade nicht besonders gut läuft. Eher selten sind Stimmungen voraussagbare Reaktionen auf gute oder schlechte Begebenheiten. Weil uns nur ausnahmsweise bewusst wird, aus welchen Bestandteilen sich da etwas zusammenbraut, erscheinen die Auslöser für schlechte Laune so beliebig. Da kommt alles Mögliche gerade recht.

Dabei mangelt es den Befallenen keineswegs an Fantasie. Bei genauer Betrachtung legen mies gelaunte Menschen sogar einen geradezu überbordenden Einfallsreichtum an den Tag, wenn es um das Finden von Gründen für ihre ausgewachsene schlechte Laune geht. Da wird geschimpft über die Verhältnisse im Allgemeinen und im Speziellen, dass man arbeiten muss und dass das Geld wieder nicht für alle Bücher und Klamotten reicht, die man sich kaufen will, über zu hohe Benzinpreise und schlechte Bands, über den Mangel an Sexualpartnern und darüber, dass die anderen sowieso nicht mehr alle Tassen im Schrank haben. Über die Unpünktlichkeit der Deutschen Bahn und die ständige Hektik im Alltag, die flegelhafte Jugend und das penetrant pingelige Alter, über die unfreundliche Bedienung im Kaufhaus und den lahmarschigen Radfahrer an der Ampel. Über Mütter, die mit ihrem Kinderwagen den Ausgang blockieren, und die Post, die auch jeden Tag später kommt. Außerdem: über zu kleine Portionen im Restaurant, leere Zigarettenautomaten, über kleine Jungs, die an der Haltestelle Spucke-Pfützen anlegen, und über Ausländer mit teuren Autos, über die besten Freunde, die einen mal wieder nicht verstehen, und natürlich über Leute, die an allem was auszusetzen haben.

Wer meckert, tut seine schlechte Laune kund. Er fühlt sich in aller Regel zutiefst ungerecht behandelt, prangert an und will dabei dem geschundenen Selbst wieder auf die Beine helfen. Die anderen haben etwas falsch gemacht, und das Leben übersieht einen doch sowieso immer. Und das, obwohl man selbst tagtäglich sein Bestes gibt und sich für alle Welt krumm legt und es dabei ja nur gut meint. Dabei muss man nicht immer über das stänkern, was einem den größten Frust verursacht, sondern kann seine schlechte Laune einfach bei jeder Gelegenheit und an jedem x-beliebigen Menschen auslassen. Das befreit: Wer auf dem Heimweg nach der Arbeit nach Herzenslust Dampf ablässt, kann damit seinen Feierabend retten. Psychohygienisch ist das Rauslassen ganz verständlich. Es reiht sich ein in den Reigen der psychologischen Selbstregulierung. Das Bedürfnis, mal so richtig zu stänkern, wird befriedigt, wenn man mal so richtig stänkert.

Miese Stimmung ist ein Mischphänomen, das Vielfältiges in sich aufnimmt, weil es Impulse aus seelischen, geistigen, ja sogar organischen Quellen einspeist. Schlechte Laune kann – ungeachtet ihrer atavistischen, unzivilisierten Züge – ein Seismograf zivilisatorischer Beunruhigung sei. »Wenn eine unangenehme Stimmung uns mitteilt, dass wir unsere momentane Situation nicht mögen, werden wir durch diese Erkenntnis sehr wahrscheinlich motiviert, die konkrete Ursache für unser Unbehagen ausfindig zu machen und über Gegenmaßnahmen nachzudenken«, peilt die einschlägige Wissenschaft über den Nutzen der schlechten Laune ihre Ursachen an. Nehmen wir dies also als Information über den Zustand des Verhältnisses, das wir mit der Welt um uns herum pflegen.

Schlechte Laune geistert als Schnittstellengespenst im Interface von Mensch und Umgebung, als letzte, störende, gefährlich aversive Ausdrucksform einer höchst eigenartigen Mischung. Die Qualität so mancher stimmungsmäßigen Entgleisung gibt Rätsel auf, ihre Quelle sprudelt im Verborgenen. Welche Beweggründe, welche Anziehung und Abstoßung liegen ihr zugrunde, und welche bringt sie hervor? Wir schließen uns Georg Lichtenberg an, dem scharfsinnigen Aphoristiker des 19. Jahrhunderts, und fragen: »Zu was kann dies der Anfang sein? Oder umgekehrt: Was war der erste Schritt hierzu?«

Das hedonistische Prinzip

In unserer Kultur legen wir großen Wert darauf, uns wohl zu fühlen, Freude am Leben zu haben. Wir beschäftigen uns gern mit Dingen und begeben uns gern in Situationen, die uns gefallen. Spaß muss sein, mit Spaß dabei – das »Spaßprinzip als Lebenselixier«, bemerkt das B.A.T. Freizeit-Forschungsinstitut in seiner Studie zur Spaßgesellschaft, werde im »öffentlichen Leben genauso wie im privaten Bereich« immer wichtiger. Mehr als drei Viertel der Bevölkerung teilen inzwischen die Auffassung, wonach »sich gegenseitig helfen« keinen Spaß mache. Liegt der Sinn des Lebens und Strebens also umstandslos im Lebensgenuss?

Viele wissenschaftliche Theorien fußen auf der Annahme, dass menschliches Verhalten auch unabhängig vom erlebten Stimmungszustand stets genießerischen Motiven folgt: Angenehme Zustände werden angestrebt, unangenehme nicht. Das hedonistische Prinzip, dem wir in nahezu allen Lebensbereichen folgen, bringt die miese Stimmung in Misskredit und behandelt die gute als leicht verderbliche Ware, die sorgsamer Pflege bedarf. Auch weil sie wichtige Aufgaben als soziales Schmiermittel im zwischenmenschlichen Bereich erfüllt, gilt gute Laune als unentbehrlich. Umgänglich, freundlich, aufmerksam und zugewandt auf andere Menschen zu wirken kann als soziale Tugend ersten Ranges gelten.

Eine Fülle kultureller, institutioneller oder beziehungsorientierter Normen schreiben vor, welche Stimmung in welcher Situation angemessen ist: Der Ausdruck von Stimmungen unterliegt sozialen Normen. In Gesellschaft verhält sich der Mensch wie ein Schauspieler, der eine Rolle übernommen hat und versucht, diese Rolle so in Szene zu setzen, wie es von ihm erwartet wird. Darauf weist der amerikanische Soziologe Irving Goffman hin. Ein Verstoß gegen diese Erwartungen löst mindestens Befremden aus: Ein Spitzensportler, der nach einem Erfolg keine Freude und nach einem Misserfolg nicht Ärger und Enttäuschung zeigt, würde seiner Rolle nicht gerecht und Missfallen bei seinem Publikum und erst recht bei seinen Sponsoren ernten. Von Diplomaten dagegen wird erwartet, dass sie positive wie negative Stimmungen allenfalls gedämpft ausdrücken.

Vor allem im Dienstleistungssektor gehört das Management von Gefühlen und Stimmungen zu den professionellen Anforderungen an die Mitarbeiter. Eine zur Schau getragene schlechte Laune kann den Arbeitsplatz kosten – nicht nur von Stewardessen wird erwartet, dass sie immer freundlich und zuvorkommend auf die Wünsche von Passagieren eingehen. Nicht der Ausdruck, sondern Gefühle und Stimmungen selbst sollen manipuliert werden. Im Laufe ihrer Ausbildung lernen Stewardessen daher Techniken, die ursprünglich Schauspielern helfen sollten, dieser Anforderung gerecht zu werden. Aber nicht immer besteht diese Art Gefühlsmanagement in der Unterdrückung negativer und der Erzeugung positiver Emotionen. Neben der Ausbildung von Stewardessen untersuchte der Sozialwissenschaftler Ali Hochschild auch die Praktiken einer Firma, die Schulden von säumigen Zahlern eintrieb. Das Motto des Leiters dieser Inkasso-Agentur lautete: »create alarm«.

Die Arbeiten an der Laune beginnen hinter den Kulissen und lange bevor die Vorstellung anfängt – ein starker Hinweis darauf, dass Menschen keineswegs nur Opfer ihrer Stimmungen sind. Bevor man sich auf Partys oder in Kneipen sehen lässt, bringt man sich besser mit der passenden Musik in Stimmung. Auch das Fernsehen erkennt stillschweigend das Ziel solcher vorwegnehmenden Stimmungsregulierungen an, indem beispielsweise am frühen Samstagabend nur solche Shows gezeigt werden, die eine lebhafte und aufgeregte Stimmung befördern und damit die Weichen für eine bestimmte Form der Geselligkeit stellen. Politmagazine dagegen, die auf schnörkellose Information setzen und ihr Publikum zum kritischen Nachdenken animieren wollen, sind am Montagabend besser platziert. Das

Ansinnen, den Dingen auf den Grund zu gehen und sie zu ändern, jedenfalls genauer hinzuschauen, ähnelt eher dem nachdrücklichen Anstoß zur Erforschung der Ursachen, den auch die miese Laune gibt.

Davon kündet auch die bedachtsam ausgearbeitete Attitüde des leicht Griesgrämigen, mit der manche Kabarettisten den Nimbus des unbestechlichen Klardenkers stilisieren, was wir wiederum mit dem größten Vergnügen registrieren. Gehalt statt Gefühl, so die heimliche Parole im politischen Kabarett – das schmeichelt, denn wir wollen als Menschen von Geist gelten. Inszenierte Griesgrämigkeit gibt Denkanstöße. »Deshalb ist auch der Grouchy-Mensch natürlich dann der Ehrliche, Aufrichtige, wenn es absolut keinen Grund für gute Laune gibt oder wenn es gegen den Terror künstlicher Lustigkeit und artifizieller guter Laune geht«, sagt der Psychologe und Journalist Heiko Ernst über die Schattenseite des grundlegenden Strebens nach Wohlbefinden, das die Fun-und-Freizeit-Gesellschaft zum absoluten Muss deklariert. Schlechte Laune könne ein Keim von Widerstand in einer Kultur sein, in der demonstratives Gut-drauf-sein über alles gehe. »In der Spaß- und Grinsegesellschaft sind Muffköpfe mitunter wohltuende Kontraste zur verordneten Fröhlichkeit.«

Zwischen den Polen von Lust und Unlust mäandert die Stimmung, verändert sich schleichend oder kippt jäh um. Doch das eine ist mehr als das Gegenteil des anderen. Lust ist immer abhängig von Veränderungen und verschwindet bei fortdauernder Unzufriedenheit. Unlust, zum Leid gesteigert, kann unter gleichbleibend widrigen Bedingungen fortbestehen. So etwa formuliert das amerikanische Forscherteam um den Psychologen Brian Parkinson in einem Standardwerk das Gesetz der hedonistischen Asymmetrie. Mit anderen Worten: Das Wohlgefühl will mit angenehmen Reizen gefüttert werden, damit es nicht vergeht. Missvergnügen bleibt von allein, ohne dass man etwas dafür tun muss.

Misfits – nicht gesellschaftsfähig

Schlechte Laune gilt als ansteckend und kann Befallene so einsam machen wie übermäßiger Knoblauchverzehr. Es bedeutet allerdings nicht gleich den sozialen Tod, als Stimmungskiller verschrien zu sein. Doch durchbricht eine verbindliche soziale Norm, wer sich nicht bemüht, seine miese Stimmung zu maskieren oder wenigstens im Zaum zu halten? »Wer andere unter seinen Launen leiden lässt, verstößt gegen eine ungeschriebene Etikette«, sagt Heiko Ernst, »doch feste Normen gib es nicht. Launen sind auch Kommunikationen. Entscheidend ist die Frage, in welchen Zusammenhängen man sich gehen lässt und wann man den eigenen Zustand besser kaschiert.« Eine sorgsam inszenierte miese Stimmung taugt durchaus als Instrument, um eigene Interessen durchzusetzen. »Hier stellt sich eine Machtfrage«, sagt Heiko Ernst, »ein Versuch, andere unter Druck zu setzen – streng dich gefälligst an, mir zu Gefallen zu sein! Oder man erzwingt ein Nachgeben«, beschreibt er die passiv-aggressive Strategie der Schlechtgelaunten. »Es hängt natürlich auch vom Status, vom Machtgefälle, von der Beziehungsqualität ab, ob und wie sehr eine Stimmung ansteckend wirkt.« Einen schlecht gelaunten Chef muss man hinnehmen, ein übellauniges Kind ruft man zur Ordnung.

Gute Manieren bändigen miese Stimmungen. Der Benimm-Experte Freiherr von Knigge äußert sich verhalten: »Misstrauische, argwöhnische, mürrische und verschlossene Leute sind als Menschen herzlich zu bedauern, sie leben sich und anderen zur Qual.« Er sehe sich außerstande, allgemeine Regeln vorzuschlagen, »da es notwendig ist, bei jedem Fall genau mit den Quellen des Übels bekannt zu sein.« In jüngeren Jahren sei die Übellaunigkeit zwar nicht ganz unheilbar, »bei alten Personen hingegen fasst dieses Übel immer tiefere Wurzeln und muss mit Geduld ertragen werden.« Schlussendlich könne man nicht mehr raten, als »gar nicht zu tun, als bemerkte man solche Ebben und Fluten, sondern auf immer gleich vorsichtigem Fuß mit ihnen umzugehen.«

Die Mäßigung der Launen ist keine leichte Aufgabe – und das nicht erst seit heute. Kraft genug, das Übel zu tragen, wenn es über einen kommt, lässt Goethe den jungen Werther heißen Herzens wünschen und dann sogleich losschimpfen: »Und nennen Sie mir den Menschen, der übler Laune ist und so brav dabei, sie zu verbergen, sie allein zu tragen, ohne die Freude um sich her zu zerstören!« Über die Ursachen des bösen Lasters, als das ihm die üble Laune gilt, kann er nur spekulieren: »Ist sie nicht vielmehr ein innerer Unmut über unsere eigene Unwürdigkeit, ein Missfallen an uns selbst, das immer mit einem Neide verknüpft ist, der durch eine törichte Eitelkeit aufgehetzt wird? Wir sehen glückliche Menschen, die wir nicht glücklich machen, und das ist unerträglich.« Angespornt von einem Lächeln seiner Lotte, einer Träne in Friederikes Auge, ruft er, kurz bevor er selbst die Tränen nicht mehr zurückhalten kann: »Wehe denen, die sich der Gewalt bedienen, die sie über ein Herz haben, um ihm die einfachen Freuden zu rauben, die aus ihm selbst hervorkeimen.«

Kein Laster, mehr eine Art Krankheit, die sich entwickelt, ausbreitet und letztendlich asozial und destruktiv auf das menschliche Miteinander wirkt – ein Zeitgenosse macht im Internet-Magazin ›Grauzone‹ seinem Ärger über den Ärger mit den anderen Luft: »Wer meint, man könne Leute, die einem auf den Sack gehen, ignorieren, wird doch früher oder später die gesellschaftlichen Auswirkungen nicht leugnen können.« Schlecht gelauntes Meckern sei eine ansteckende Krankheit, aber auch heilbar, wenn beizeiten diagnostiziert. Erstes Symptom sei das Frustrationseingeständnis: »Ich hatte heute einen beschissenen Tag, Mann, ey, wie mich zur Zeit alles ankotzt.« In diesem frühen Stadium erkenne die Person meist noch nicht die Ursache für ihren Frust und suche eigentlich nur die Aussprache mit einem guten Freund. Schwieriger werde es, wenn indifferente

Unmutsäußerungen auftauchten. Die Person wirke gereizt und lasse Dampf ab: »Mann, ey, kommt hier nur Scheiße im Radio?« Oder: »Boah ey, was ist das schon wieder für ein Scheißwetter?« Hier begebe man sich mit der gut gemeinten Frage »Na, hast du schlechte Laune?« schon in Teufels Küche, denn nichts steigere schlechte Laune mehr als diese scheinheilige Neugier. »Wenn man diesen schlecht gelaunten Menschen mag, kann man behutsam versuchen, ihm alle wichtigen Hintergrundinformationen aus der Nase zu ziehen, und mit ihm gemeinsam die Ursachenlage abchecken: Du, ich versteh ja total, dass dich das nervt, diese Sache mit deinem Führerschein, du, ähem, aber, echt, da hättest du doch nicht gleich das Radio runterhauen müssen.«

Die Erforschung der Ursachen ist schon der erste Schritt zur Lösung. Gute Laune spricht für sich selbst. Schlechte Laune dagegen verlangt nach einer Erklärung. Kein Wunder, dass wir so viel mehr Worte machen, um uns selbst und den anderen zu erklären, warum wir so gereizt, niedergeschlagen, mürrisch, griesgrämig und missmutig dreinschauen. Entsprechend größer ist unser sprachliches Repertoire für negative Empfindungen, umfassender und differenzierter als für positive. Dass bereits der Erklärungsprozess selbst der Beeinflussung der Befindlichkeit dient, gilt für den Bereich der Emotionen als bewiesen.

Auf der Grundlage experimenteller Studien mit Versuchspersonen, die, künstlich in schlechte Laune versetzt, bestimmte Denksportaufgaben zu bewältigen hatten, kommt der Wissenschaftler Norbert Schwarz zu dem Ergebnis: »Wendet sich die Aufmerksamkeit dem Gefühl selbst zu, will sie es analysieren und erklären, dann zerstört sie es. Richtet sie sich hingegen auf das gefühlserregende Objekt, dann verstärkt sie es.« Für das weite Feld der Stimmungen scheint – abgeschwächt – dasselbe zu gelten, auch wenn zunächst kein Objekt sichtbar ist, auf das die Stimmung sich richtet und ersatzweise die Fliege an der Wand herhalten muss. »Der Grad, in dem wir uns unserer augenblicklichen Stimmung bewusst sind, wirkt sich darauf aus, wie sie unser Denken, Fühlen und Handeln beeinflusst«, stellt auch der Psychologe Parkinson fest. Je bewusster wir uns unserer Stimmung sind, desto kontrollierter können wir die Auswirkungen handhaben. »Eine Person, die schlechter Stimmung ist, wird nur dann negativ über ihre allgemeine Situation denken, wenn ihr keine andere einleuchtende Erklärung für die schlechte Laune zur Verfügung steht«, so sein Fazit aus einer Fülle experimenteller Studien. Wenn wir uns also darüber klar werden, dass wir aufgrund einer bestimmten Widrigkeit unglücklich sind und gewissermaßen unsere diffuse Stimmung zum deutlichen Gefühl reifen lassen, laufen wir weniger Gefahr, unsere negative Gestimmtheit auf unbeteiligte Objekte und Ereignisse zu übertragen. Es handelt sich bei negativen Stimmungen offenbar um eine sehr spezielle Art von Missbehagen, dessen Ursachen aus eigener Kraft nicht leicht zu erkennen sind – dieser Umstand erlaubt uns aber wenigstens, die Stimmung vom Gefühl zu unterscheiden.

2. KAPITEL:

Laune in der Literatur

Jeder Jubel über Maienlüfte, viele verdrießliche Blicke von tragischen Helden auf den grau starrenden Himmel, der sich über die Ödnis des Irdischen wölbt, alle Klagen über Winterfröste – die Wetterallegorien für Glück und Leid spannen den Bogen zwischen den beiden Polen, der unsere Stimmung trägt: zwischen wohl und unwohl fühlen, zwischen Vergnügen und Missvergnügen, zwischen guter und schlechter Laune. Wie das Wetter ist die Stimmung allgegenwärtig und immer gut oder schlecht – nur nichts von beidem geht nicht. »Neben bemerkenswerter Sachkenntnis der Autoren von den klimatischen Ursachen«, bestätigt der Literaturwissenschaftler Eberhard Lämmert, »macht sich der generelle Sachverhalt geltend, dass das Wetter in der Literatur kaum je neutral, sondern stets als dezidiert freundliches oder feindliches in Erscheinung tritt.«

Mit der Stimmung teilt das Wetter den Umstand, dass beides immer schon da ist. Das Wetter, dem die Menschen physiologisch nicht einmal im Koma oder im klimatisierten Büro entkommen können, ist aus Filmen, Gedichten und Erzählungen nicht wegzudenken. Nicht nur der Theaterhimmel braucht ein Arsenal optischer, akustischer und chemischer Vorrichtungen, um das, was sich unter ihm abspielt, lebenswahr zu machen, ohne Schlechtwetterexperten kommt auch kein Filmset aus. Wenn der Kommissar dem Verbrecher nachsetzt, ändert sich das Wetter. Es regnet plötzlich aus sorgsam installierten Anlagen, damit wir schon vorher ahnen, wie es ausgeht: Nachdem er die Fährte des Verfolgten verloren hat, steht er ausdrucksstark im satt prasselnden Regen. Gutes Wetter kostet mehr

Energie: 2500 Kilowatt pro Stunde, durch eine tellergroße Stufenlinse geschickt, tauchen einen Vorgarten im November in gleißenden Sommersonnenschein und machen aus schlechten gute Zeiten.

Im Wetter und der Stimmung ist alles möglich, nur nichts gibt es nicht. Genauso wenig wie ein meteorologischer Status denkbar ist, der sich als gar kein Wetter bezeichnen ließe, gibt es einen ungestimmten Zustand. Darauf weist auch Martin Heidegger in einer ersten philosophischen Erörterung des Phänomens menschlicher Stimmungen hin. »Dass das Dasein je schon immer gestimmt ist«, notiert der Philosoph als den grundlegenden Zusammenhang, der die »Befindlichkeiten des menschlichen Daseins« bereits vor aller Erkenntnis präge, und räumt ein: »Wir müssen in der Tat ontologisch grundsätzlich die primäre Entdeckung der Welt der bloßen Stimmung überlassen.«

Es geht auch einfacher. Stimmungen legen uns die Wirklichkeit aus und leiten alles Verstehen schon im Vorhinein. Zu beeinflussen sind sie allenfalls indirekt: Die Herrschaft des Menschen über seine Stimmungen kann sich auch Heidegger niemals als direktes Einwirken oder ausdrückliches Ausschalten vorstellen, sondern immer nur auf dem indirekten Weg einer Regulierung, die zu den aufsteigenden Stimmungen ja oder nein sagt, die die Vorbereitungen für ein Aufkommen günstiger Stimmungen schafft und die Anlässe für ein Aufkommen ungünstiger Stimmungen auszuschalten weiß – ein Paradebeispiel frühen philosophischen mood managements.

Unbeeinflussbar wie das Wetter und allenfalls vorsorglich zu begegnen oder in den Auswirkungen abzumildern, erscheinen uns die Stimmungen. So wie gegen den Regen nichts hilft, außer einen Schirm aufzuspannen, lassen sich Stimmungen nicht ausschalten, sondern allenfalls aushalten. Wir konstruieren uns ein Bild von den Stimmungen nach dem Vorbild des Wetters und gewinnen damit eine solide Bezugsgröße, um etwas

Unerklärliches glaubwürdig zu erklären und dabei ganz elegant wenigstens ein bisschen Verantwortung für unser Verhalten loszuwerden.

Wetter und Stimmung sind also im Geist Geschwister. Dichter, Literaten und Regisseure brauchen das Wetter, wenn sie es ausdrücklich in Erscheinung treten lassen, um eine Stimmung in der Vorstellungswelt ihrer Leser oder Zuschauer entstehen zu lassen. Als Stück einer realen Szenerie, als Handlungsmotiv und als Stimmungsmacher ist das Wetter in der Literatur praktisch unersetzbar.

Sobald die exakt ermittelten Celsiusgrade, Windgeschwindigkeiten und Niederschlagswahrscheinlichkeiten den Boden messbarer Tatsachen verlassen und umgangssprachliche Gestalt annehmen, tragen sie mehr als nur eine Bedeutung – in der Literatur wie im Leben. Wörter wie heiter, mild, frisch oder streng gehen von menschlichen Empfindungen und Erfahrungen aus, laden zu weitläufigen Assoziationen ein und öffnen einen weiten Fächer möglicher Sinngebungen. Wettermetaphern wiederum übertragen die meteorologisch erkannten Zusammenhänge auf menschliche Rahmenbedingungen und Handlungen. Jedem Niederschlag geht eine Bewölkung voraus – und schon bewölkt sich die Stirn, verdüstert sich das Gemüt, bevor es, später vielleicht, zu einem Donnerwetter kommt.

In ihrer linguistischen Analyse von Wettermetaphern in der Literatur hat Dagmar Schmauks zwei Möglichkeiten beschrieben, wie Wetter und menschliche Stimmungen aufeinander bezogen sein können. Die Harmonie zwischen innerer Stimmung und äußerer Umgebung setzt einen anderen Akzent als ihr Gegenteil, die schmerzliche Diskrepanz. Das Wetter verstärkt oder kontrastiert die Darbietung eines Geschehens. Beide Möglichkeiten setzen jedoch eine intensive, tief empfundene Abstimmung mit der Natur in Szene.

Zwischen Mensch und Umwelt herrscht ein völliger Gleichklang. Seinen Spaziergänger im dunklen Wald lässt Goethe im

Gedicht ›Wanderers Nachtlied‹ das Einswerden von Außen und Innen erleben:

Über allen Gipfeln ist Ruh,
in allen Wipfeln spürest du
kaum einen Hauch.
Die Vögelein schweigen im Walde.
Warte nur, balde
Ruhest du auch.

»Hier stellen die ersten vier Zeilen dar, wie die Ruhe der Natur mit allen Sinnen wahrgenommen wird, die beiden letzten versprechen das Einswerden mit der Natur«, erklärt Dagmar Schmauks das Konstruktionsprinzip.

Ganz anders empfindet Heinrich Heine, wenn Jahreszeit und Liebesleid so gar nicht zusammenpassen wollen. Ausgerechnet im Wonnemonat von Frühlingsgefühlen keine Spur – das tut nicht nur weh, sondern spricht auch der aufgewühlten Seele Hohn.

Mein Herz, mein Herz ist traurig,
Doch lustig leuchtet der Mai.

Dabei diene der sorgsame Einsatz meteorologischer Inszenierungen in der Kontrastvariante sogar satirischen Zwecken, betont Eberhard Lämmert und zitiert ein Beispiel: Ein knallblauer Himmel überwölbt die Szene in Heinrich Manns ›Untertan‹, als der servile Chauvinist Dietrich Heßling hutschwenkend Aug in Aug mit seinem Kaiser neben dessen Kutsche herhetzt. Aber ein Wolkenbruch ausgerechnet in dem Augenblick, in dem sein Denkmal enthüllt und der Kaiser geehrt werden soll, verwandelt den Aufmarsch der Ehrenkompanien in ein Chaos. Den Orden steckt ihm schließlich gnädig noch ein Schutzmann zu, der ihn »unter dem Rednerpult, im Wasser hockend, antrifft«. Das kennt man doch: Wie der Chor in der griechischen Tragödie murmelt das Wetter meist eigenwillige Kommentare zu unseren Stimmungen: Ein schreckliches Ereignis an einem schönen Sommertag lässt uns unwillkürlich seufzen: »Ausgerechnet heute ...«, einen Regenschauer begrüßen wir mit »Das hat mir gerade noch gefehlt.«

Ob im Gleichklang oder im Gegensatz von Innen- und Außenwelt wird dem Wetter in der Literatur noch immer ein besonderer Dienst abverlangt. Die gesamte Breite seiner Erscheinungsformen dient als Metapher für jedwede Verfassung des Menschen und ganz besonders für seine Stimmungen. Physiologische Rückwirkungen des Wetters auf das Befinden sind dabei ausdrücklich inbegriffen: Dass wir uns das Glück, das Leben und die Freude hell, das Unglück, den Tod und die Trauer dunkel vorstellen, ist mehr als ein stimmungsvoller Regietrick, der unserem Alltag Farbe gibt. Helligkeit steigert unsere vitalen Funktionen, Dunkel setzt sie herab. Dabei können die zarteren Erregungsgrade wiederum als anregend, die zarteren Lähmungsgrade als beruhigend empfunden werden, schraffiert auch Willy Hellpach in seiner vor fast hundert Jahren erschienen Abhandlung ›Die Geopsyche‹ die fließenden Übergänge.

Doch über die tatsächlichen Affinitäten zwischen Wetterlage und Stimmung hinaus, die zum Teil auf physiologischen Zusammenhängen beruhen, wird das literarische Wetter endgültig da zum Stimmungsbarometer, wo nicht nur Hoch- und Tieflagen eines Lebensgefühls, sondern auch zwiegespaltene, zwielichtige, komplizierte seelische Verfassungen sich in entsprechenden Wetterverhältnissen spiegeln. Das stilistische Faszinosum des Gewitters in den Romanen des 19. Jahrhunderts reife zum zuverlässigen Gelegenheitenmacher für Liebesleute oder diene als kraftvoll seelenreinigender Konfliktlöser, hebt Eberhard Lämmert hervor. Er nennt Adalbert Stifter, J. W. von Goethe, Wilhelm Raabe als Autoren, die das Wetter und die Stimmungen ihrer Figuren ineinander setzen.

Wetterumschwünge leiten nicht nur eine Wende in der

Handlung ein, wie Eberhard Lämmert am Beispiel von Theodor Fontanes Roman ›Unwiederbringlich‹ aufzeigt, sondern ordnen widerstrebenden Empfindungen die entsprechende Witterung zu: Auf den Entschluss des Grafen Holk, seine Frau zu verlassen und sich der Hofdame Ebba zuzuwenden, geschieht Folgendes: »Eh eine Minute um war, begann ein heftiges Schneetreiben, ein Tanzen und Wirbeln, bis der Windzug plötzlich nachließ und die Flocken schwer und dicht hernieder fielen.« Der Wettervorgang reproduziere aber nur, was sich unmittelbar zuvor in Holks Innern abgespielt habe: »Eine Welt widerstreitender Empfindungen regte sich in seiner Seele, was aber nach allem ... doch vorwog, war ein Gefühl bitterer Verdrossenheit.« Hier sei ganz deutlich, betont Eberhard Lämmert, dass nicht etwa auf physiologische Rückwirkungen des Wetters aufs Gemüt angespielt werde. Die Wettererscheinung verallgemeinere vielmehr nachträglich die einzelne Erfahrung zu einem Weltgefühl, das auch der Leser über diese Brücke leichter zu dem seinen machen könne, da er, wenn schon nicht die Erfahrung Holks, so doch die eines solchen in schwere Stille übergehenden Schneefalls selbst schon gemacht habe. »Kein Realismus also an dieser Stelle eines realistischen Romans«, sagt Eberhard Lämmert, »sondern ein gewissermaßen konzertanter Kunstgriff, um das Wetter zur Begleitmusik des Lebens zu machen.«

Doch die Metapher, in der Wetter und Stimmung ineinander greifen, weist noch weiter über sich selbst hinaus. Mit dem Wetter teilt die Stimmung die solide Aura des Unplanbaren, nicht Beherrschbaren, einen anarchistischen, unberechenbaren Rest im durchgeplanten Alltag; mit den Effekten von schleichenden Veränderungen und jähen Umschwüngen lässt sich höchstens umgehen, ausschalten lassen sie sich nicht. Das Wetter hat wie die Stimmung die Macht, unsere Pläne zu durchkreuzen, unser reibungsloses Funktionieren nachhaltig zu stören. Ähnlich wie Gefühle und Stimmungen entwickeln sich auch Wetterumschwünge aus einer schwer durchschaubaren Fülle beteiligter

Faktoren und erscheinen uns dann, wenn sie sich ereignen, wie aus heiterem Himmel entstanden.

Stimmungen und Wettererscheinungen haben vieles gemeinsam: Sie lassen sich nicht erzwingen, nur ungenau vorhersagen und sie sind stärker als wir. Es scheint, als entzögen sich Stimmungen unserem Kommando. Sie führen wie das Wetter eine Art Eigenleben und verheimlichen ihren Rhythmus. Sie können für Tage, Stunden oder Wochen anhalten und irgendwann wechseln, scheinbar von selbst. Sie entfalten mitunter ein beträchtliches Störpotential oder auch, am gegenüberliegenden Ende des Spektrums, die Kraft zu beflügeln.

Angesichts unserer Lebensumstände, die immer mehr konventionellen und kommerziellen Normierungen unterliegen und dabei die Illusion der Machbarkeit von allem längst auf die Spitze getrieben haben, können die Stimmungen im Leben wie das Wetter in der Literatur zum Retter in der Not werden und einen Restbestand von Renitenz über die Verhältnisse retten. Natürlich ist das nur eine Idee. Aber doch eine, die erlaubt, die schlechte Laune als wichtige Information über unseren Zustand zu nutzen und gelten zu lassen.

Und mehr noch: Das kognitive Konzept von Stimmungen als Wetter legt nahe, dass wir unseren Stimmungen ausgeliefert sind und wie auf besseres Wetter einfach nur warten können, bis die schlechten vergehen – allenfalls auf den Selbstheilungsmechanismus der Seele vertrauen können. Jedenfalls geben wir gern vor, dass es so ist: »Tut mir Leid, ich bin nicht in Stimmung« heißt: »Ich kann nichts dafür, du musst meine Launen heute eben ertragen.« Das funktioniert sogar im großen Stil. Umstände, die man nicht ändern kann, wirken vor Gericht mildernd: In Ägypten und einigen anderen nordafrikanischen Ländern beispielsweise werden Rechtsbrüche aus Jähzorn und sogar Gewaltverbrechen milder abgeurteilt, wenn zur Tatzeit der Schirokko, ein schwüler und heißer Sandsturm, übers Land fegte.

Denn das Wetter beschreibt nicht nur Stimmungen, sondern macht auch tatsächlich welche. Der gute Zweck, den das literarische Wetter zur Erklärung der Stimmungen leistet, bezieht seine Glaubwürdigkeit auch aus den realen, physiologisch messbaren Wirkungen der Wetterlage auf das gesamte Befinden. Dabei übertreiben wir gerne. Vielleicht nennen wir das, was das Wetter macht, deshalb »herrschen«, weil wir seinen Launen so unterworfen sind?

3. KAPITEL:

»Das liegt nur am Wetter ...«

Gefühltes Wetter

Niederschläge – wie gemein das schon klingt! Regen und Schnee, Nebel, Wind und erst recht der jähe Wechsel des Wetters fräsen tiefe Spuren in die Stimmung. »Beginn missmutiger, unlustiger Stimmung am Abend, schlechter, erregter, von Unlustträumen erfüllter Schlaf, zerschlagenes Erwachen: beim Blick aus dem Fenster die Entdeckung, dass es dicht, aber offenbar seit kurzem erst schneit« – kein Zweifel, die Stimmung ist schlecht. Willy Hellpach, Professor für Psychologie und Psychiatrie in Heidelberg, zitiert eine Tagebuchnotiz, die illustriert, wie die Schneeluft der Gewitterschwüle ähnelt, jedenfalls »in der tonischen Wirkung auf den Menschen und seine Stimmung«. Aber auch den Nebel, meteorologisch gesehen nicht mehr als eine höchst feintröpfelige Verdichtung des atmosphärischen Wasserdampfes, empfinden wir als in uns hineinkriechend. »Er verursacht ein höchst lästiges, ja peinliches Fröstelgefühl, eine Art ungreifbarer und doch tatsächlicher Durchnässung.« Schwer zu sagen, was unangenehmer ist: »Doch der Verlust jeder Sicht, die völlige Einschleierung der Wirklichkeit in ein graues Einerlei legt sich tief bedrückend aufs Gemüt«, schreibt der Professor, zu seiner Zeit – am Beginn des letzten Jahrhunderts – ein Pionier in der Erkundung der seelischen Wetterwirkungen. »In dieser Hinsicht ist der Nebel der nächste Verwandte der Finsternis.« Das ist unheimlich. Oder wirkt es nur so?

Wetterempfindliche Naturen bemerken die Verschlechterung des schönen Wetters oft schon, ehe sie in sinnliche Erscheinung tritt. Als schwächere, blassere Form der Wetterwirkungen, aber doch unabweisbar deutlich wendet sich auch die

Stimmung: »... weniger aufgeräumt, eine Art Unlust und Unentschlossenheit, ein etwas missmutiges Gesamtgefühl, ein Nichtrechtwissen, was man tun soll, auch eine gewisse Unruhe treten auf.«

Dass krasse Wetterumschwünge und erst recht warme, trockene und sehr heftige Fallwinde sensible Naturen für einige Tage außer Gefecht setzen können, hat man zumindest schon einmal gehört, wenn man Freunde und Bekannte in München hat, mit denen man manchmal über das Wetter spricht. »Der echte Föhn hat von allen Wetterformen die stärkste Wirkung auf das psychophysische Befinden der Organismen, er ist darin selbst der Gewitterluft und dem Schirokko noch überlegen«, stellt Willy Hellpach in seiner Abhandlung über die Wirkung des Wetters auf die Seele des Menschen fest. »Unter seinem Einfluss leiden auch Naturen, die sonst so gut wie wetterindifferent sind.«

Der Föhn bewirkt offenbar leib-seelische Ausnahmezustände, die ihresgleichen suchen. Unmittelbar vor dem Aufkommen und in den ersten Stunden der Herrschaft des Windes ist es am schlimmsten: »Eine ausgesprochen dumpfe Verzagtheit, eine tiefe, qualvolle Bangigkeit wie vor einem großen Unglück oder eine aufs stärkste geladene Gereiztheit stellt sich ein. Damit geht Hand in Hand ein Aufhören jeglicher Leistungsfähigkeit, namentlich der intellektuellen, verkettet mit einer Unruhe, welche die Brust zu sprengen droht. Die Glieder sind bleischwer, der Kopf wie eingepresst, die Speisen haben keinen Geschmack und Geruch; der Schlaf ähnelt dem eines Fiebernden. Bei manchen Menschen ist die Aufpeitschung des Geschlechtstriebes durch den Föhn besonders heftig; es steigert sich dann eine sonst durchaus maßvolle Sexualität bis zu peinigender Begierde, die in Verbindung mit der allgemeinen Unruhe über alle gewohnten Hemmungen hinweg zu Entladung drängt.« Spätestens jetzt gibt es einen guten Grund für schlechte Laune, denn »die gesteigerte geschlechtliche Begierde geht einher mit verminderter

Potenz, mit verfrühter und verzögerter Samenentleerung bei vermehrten Erektionen«.

Was der Föhn den Frauen wohl an Pein zu ertragen und Prüfungen zu bestehen auferlegt, lässt der Professor offen. Aus dem Bereich der weiblichen Begierden jedenfalls hat er nichts Auffälliges zu melden. Ausschließen mag er jedoch nicht ganz, dass Wetterfühligkeit auch dem Weibe arg zu schaffen machen könne. Es ist nur etwas schwieriger zu erkennen. Etwas zerknirscht räumt er ein, dass die früher auch von ihm vorgetragene Meinung, wonach der Mann wetterfühliger sei als die Frau, »wohl dadurch genährt wurde, dass Frauen im Durchschnitt von Zuständen des Missbefindens weniger herzumachen pflegen und sich auch nicht so aufmerksam, ja ängstlich beobachten wie Männer«. Die Hypochondrie sei ein ausgeprägter Wesenszug des Mannes, vielleicht geradezu ein echter Instinkt, »denn gesundheitliche Beschwerden beim Manne deuten viel sicherer darauf hin, dass etwas wirklich bei ihm nicht in Ordnung ist, während die Fortpflanzungstätigkeit des Weibes regelmäßig schon in der Monatsregel (!) eine Fülle kleiner Gebrechen mit sich bringt, welche in der Natur der Sache liegen. Physiologisch ist das Weib viel mehr zum Leiden vorbestimmt und gerüstet als der Mann. Lernen Frauen aber erst einmal auf Störungen durch Wetter zu achten, so reagieren sie im Durchschnitt feiner und, wie es scheint, auch früher als Männer, sie sind also vorfühliger.«

Wetterquerulanten und Wetterignoranten

Robuste Naturen halten sie einfach nur für Hypochonder, für Zimperliesen, die ihre Zipperlein aufs Wetter schieben und die bei ihnen deshalb generell unter Drückeberger-Verdacht stehen. Da mögen sie noch so sehr darauf beharren, dass Nieselregen, grauer Himmel und Schmuddelwetter ihnen nun mal schlechte

Laune bescheren, und eilfertig beteuern: Ja, wenn die Sonne schiene, eine frische Brise wehte und es so um die zwanzig Grad warm wäre, dann wäre man wohl gut gelaunt! Dann könnte man diesen kleinen Gefallen gerne tun, liegen gebliebene Akten am Wochenende bearbeiten, sich zum Joggen aufraffen, weniger fernsehen oder gar einen gemeinsamen Kinobesuch in Erwägung ziehen. Aber dieses Mistwetter schlage eben aufs Gemüt. Da könne man nichts machen. Unwirtliches Wetter macht unwirsch. Dagegen stapfen ihre Zeitgenossen im dick gefütterten Südwester und klobigem Schuhwerk frohgemut durch Hagel, Schneeschauer und Dauerregen und halten unbeirrbar daran fest: Schlechte Laune gibt es nicht, nur schlechtes Wetter. Zwischen Wetterignoranten und Wetterquerulanten ist das letzte Wort also längst nicht gesprochen.

Klingen nicht die Wetterberichte selbst schon wie Gefechtsberichte? Wo sonst ist so unverblümt von durchziehenden, aufeinander prallenden oder zurückweichenden Fronten die Rede, an deren Flanken sich lauernd schon wieder neue Fronten türmen?

Fest steht, dass die Auswirkungen bestimmter Wetterlagen keineswegs alle Menschen gleichermaßen treffen. Oder werden sich nur nicht alle ihrer in gleicher Weise bewusst? Den Münchner Föhn mögen die einen für Verkehrsunfälle, Kneipenschlägereien und Kopfschmerzen verantwortlich machen, andere halten das Ganze für einen Mythos und fühlen sich glänzend, wenn zum strahlenden Sonnenschein eine laue Brise kommt. Es bleibt schwierig – die Mitschuld des Wetters an ganz alltäglichen Stimmungsschwankungen lässt sich ebenso beweisen wie widerlegen.

»Wetterfühlig« nennen Mediziner auch gesunde Menschen, bei denen bestimmte Wetterlagen zu Befindlichkeitsstörungen führen: Speziell die Kopfschmerzen bei Tiefdruck oder Gereiztheit bei schwül-warmer Witterung sind allgemein bekannt. Einen frischen, klaren Tag hat noch jeder einmal als etwas Herrliches, die Stimmung und die Leistung Hebendes erfahren.

Schönwetter gehört zu den erfreulichsten meteorologischen Lagen, die wir erleben dürfen. Und da endet jede Gemeinsamkeit auch schon. Auf Schwüle, Föhn, Wettersturz, dichten Nebel und undurchdringliches Schneegestöber macht sich jeder Mensch einen ganz eigenen, stimmungsvollen Reim.

»Auf die ermattenden Formen reagieren selbst Personen des gleichen Lebenskreises, Lebensalters, gleicher Rasse oder Familie ganz verschieden«, zieht Willy Hellpach ein vorsichtiges Resümee in seinen Betrachtungen über das Wetter und die Seele – ein Werk, das seit seinem Erscheinen im Jahr 1906 bis zum Ende der sechziger Jahre immerhin acht Auflagen erlebt hat. Es müsste an der besonderen »geobiotischen Konstitution«, der sehr speziellen »Geopsyche« liegen, so mutmaßt der Heidelberger Professor für Psychologie und Psychiatrie, welche Personen eines sensitiveren, fühlsameren Menschentyps zu eigen sei. Er skizziert das Profil der Wetterfühligen so: »Es gibt eine Sorte Menschen, denen es das Wetter sozusagen niemals recht machen kann, sie leiden unter jedem, der Sommer ist ihnen zu heiß und der Frühling zu wetterwendisch, der Winter zu rauh und der Herbst zu schwermütig, Regen stimmt sie trübselig und Sonnenschein spannt sie ab, Gebirgsluft greift sie an, an der See bekommen sie Kopfweh oder Nervenschmerzen, die hellen Nordlandsommernächte stören ihnen den Schlummer und die Mittelmeerküste kommt ihnen erschlaffend vor.« Echte Wettermenschen also.

Doch als wenn das nicht schon genug wäre, tragen diese wandelnden Barometer ihre Empfindsamkeit weit in die wetterfernen, sogar zwischenmenschlich bedenklichen Bereiche des Lebens hinein: »Es sind Neuropathen, Überreizsame, denen es gewöhnlich den sonstigen Lebenszumutungen gegenüber nicht anders ergeht, sie sind im Beruf ewig überanstrengt, in der Freizeit werden sie hypochondrisch, Zerstreuungen büßen sie, aber wenn sie ruhig leben, fangen sie Grillen. Sie taugen zur Ehe im Grunde so wenig wie zur Einsamkeit.«

Leben die Wetterempfindlichen, Wetterfühligen und Wettervorfühligen folglich überhaupt nichts weiter aus als »eine auf der Grenze zum Pathologischen hin stehende Überempfindlichkeit eines im Grund anormalen und krankhaft zerrütteten Organismus«? Schwer zu sagen. Die moderne Biomedizin unserer Tage formuliert das viel freundlicher: Wenn der Körper übersensibel auf atmosphärische Zustände reagiert, sind bestimmte natürliche Körperfunktionen in ihrem Gleichgewicht gestört. Erhöhte Wetterempfindlichkeit steht erst am Ende einer Kette von psychischen und physischen Vorgängen, die der Patient oftmals nicht als Botschaften seines Körpers deutet, weil sie ihm als zu harmlos erscheinen. »Einflussfaktoren, die in ihrer Wirkung oft unterschätzt werden, sind Fehlernährung, Bewegungsmangel, Umweltverschmutzung und Dauerstress«, befindet das Gesundheitsmagazin ›Lifeline‹ und rät übellaunigen Lesern im lichtarmen Februar: Wer selbst etwas gegen seine Wetterfühligkeit unternehmen möchte, solle Herz und Gefäße trainieren, am besten mit Ausdauersport im Freien, mit gezielten Kältereizen wie Wechselduschen oder kneippschen Bädern und sich zudem gesund ernähren. Generell gelte: Nicht schonen, abhärten! Auch da ist der Psychiatrieprofessor Hellpach auf der Höhe der Zeit: Wetterfühligkeit, befindet er schlussendlich, könne durch Selbstabhärtung ebenso in Schranken gehalten werden wie sie, umgekehrt, durch Selbstbeobachtung allmählich immer ärger gesteigert werden könne.

Das Bewusstsein also ist der Schlüssel: Wer die Wetterwirkungen kennt, neigt dazu, sie übersteigert zu empfinden und vor den Karren seiner Launen zu spannen. Wen am Wetter nur interessiert, ob es seine Pläne begünstigt, stört oder vereitelt, der steht auch mal fröhlich im Regen. Wer hingegen um die möglichen kardiovaskulären Auswirkungen bestimmter Tiefdrucklagen weiß, deutet nasskaltes Unbehagen anders und erkennt in genau demselben Regen, dass der Himmel weint. »Eine Art dialektischer Umkehrung« sieht Willy Hellpach am Werk, die dazu führen kann, »dass die Überfühligen und Überempfindlichen alles Mögliche an kleinsten Verstimmungen, Ermüdungen, Belästigungen, das aus ganz andern Alltagsquellen stammt, dem Wetter zur Last legen.«

Was wirkt denn da?

Elektrosolare Gewitter, die mystische Fernwirkung kosmischer Katastrophen, veränderte Ionisationslagen oder kolloidelektrische Vorgänge, die den Menschen einem elektrokosmischen Platzregen aussetzen und mit der Unerbittlichkeit von Naturgesetzen bestimmte Stimmungen auferlegen, hält Willy Hellpach für blanken Unsinn. So etwa den Befund und die Deutung, die jüngst ein Forscherpaar unternommen habe, die Häufung irdischer Sterbefälle bis hinüber zu den leichteren Stimmungstrübungen auf die etwa 27-tägigen Perioden wiederkehrender Eruptionen der Sonnentätigkeit zurückzuführen. Psychotrope Faktoren kenne die Erdatmosphäre nicht. Wirkfaktoren hingegen schon, allerdings sei das Angriffsfeld für die Wettereinwirkungen nicht das Bewusstsein, sondern der Körper.

Physiologische Veränderungen, die sich dem Bewusstsein allenfalls dumpf mitteilen, macht der Psychiatrieprofessor für die Stimmungen verantwortlich. Herzschlag, Atmen, das Malmen der Eingeweide, Drüsenabsonderungen und Wärmehaushalt – das ganze Programm eben. Gesteuert wird es vom vegetativen Nervensystem, das über Kanäle ansprechbar ist, die nicht vom denkenden Bewusstsein moderiert werden. Dieses eigentliche Angriffsfeld der Wettereinflüsse gilt es zu parzellieren.

Vor der Vielfalt der möglichen vegetativen Reaktionen kapituliert Willy Hellpach: Da gäbe es Naturelle, die auf ungewöhnliche Zumutungen an den Organismus überwiegend mit Blutgefäßstörungen reagierten und deren gedrückte Stimmung von Wallungen, Herzklopfen oder Kaltwerden der Endglieder begleitet werde, daneben andere, die Herzklopfen kaum je verspürten, aber auf ungewöhnliches Erleben mit Harndrang, schwitzenden Händen oder Mundtrockenheit antworteten. Und: »Manche reagieren soziopsychisch mit dergleichen Beschwerden sofort auf beruflichen Ärger, mitmenschliche Misshelligkeiten, während sie sich Strapazen oder Diätfehlern ungeschädigt aussetzen dürfen und vom Wetter überhaupt nichts spüren.« Umgekehrt gebe es auch »völlig harte, unempfindliche Naturen, Abgebrühte, die dennoch wandelnde Barometer sind oder kleinste Seitensprünge mit Genussgiften in schweren Nachwehen büßen.« Wohl wahr.

Streng fasst Hellpach zusammen: Es sei ein Kurzschluss, alle Wirkung nur auf eine Ursache zu schieben – »nicht mehr als eine Laienmeinung, die schon im praktischen Alltag für Dinge, die ihr missfallen, einen Sündenbock, der an allem schuld sei, zu suchen liebt«. Da habe man das Wetter für den Mond, den Mond für die Stimmungen und die Stimmungen für alles Mögliche verantwortlich gemacht, klammere sich an Erdstrahlen als Ursache aller erdenklichen Übel wie Krebs und Kropf, Nervenschwäche oder Geistesstörung. Um nur ja keinen Zweifel aufkommen zu lassen, betont der Psychiatrieprofessor mit Nachdruck, was er von derlei Ursachenforschungen zum Phänomen der schlechten Laune hält. Sie seien samt und sonders, namentlich in ihrer übertreibenden Form, »ganz und gar aus der Luft gegriffen«. Aber vielleicht reicht dieser Griff nur nicht weit genug? Oberhalb der Wolkendecke kann man noch ganz andere Ursachen für schlechte Laune finden.

4. KAPITEL:

Was der Mond singt

Laune kommt von »Luna« und das heißt Mond. In der Astrologie gilt der Mond als Stimmungsmacher. Aber nicht alleine: Sonne, Mond und Sterne arbeiten im Team. Sonne und Mond sind die Hauptplaneten, sie symbolisieren, »wie wir uns auf der einen Seite dem Wesen nach im Kern verhalten müssen, und andererseits wie wir gefühlsmäßig gestimmt sind und innerlich reagieren.« Solches erfährt man auf der Homepage des Berliner Astrologie-Zentrums. Aus der Position der Planeten, Tierkreiszeichen und Aszendenten im Geburtshoroskop »können wir schon ein Leitmotiv Ihres Lebens heraushören«. Alle anderen Konstellationen sind »wie die Orchestrierung dieses Leitmotivs«. Jetzt wird es unübersichtlich: »Immerhin gibt es 144 mögliche Zeichenkombinationen zwischen Sonne und Mond. Mit ihren Hausstellungen ergeben sich 20 736 Varianten.« Also 20 000 Gründe für eine einzige schlechte Laune?

»Mal kuschelweich, dann wieder Kratzbürste. Erst umarmen Sie die ganze Welt, dann zeigen Sie jedem die Krallen.« Da muss man sich nicht weiter wundern, wenn zwischenmenschliche Kollateralschäden das Manöver begleiten: »Auch Ihr Partner hat an Ihren Launen zu knabbern.« Das kann doch jedem mal passieren. Solche vulgärastrologischen Vierzeiler in der Tageszeitung erfreuen sich großer Beliebtheit bei den Lesern, die sich scheinbar nicht an der »offensichtlich unsinnigen Vorstellung stören«, bemerkt Peter Niehenke in seiner ›Einführung in die Astrologie‹, »an einem bestimmten Tag könnte für alle Angehörigen eines bestimmten Tierkreiszeichens, also für ein Zwölftel der Menschheit«, etwa eine latente Launenhaftigkeit in der beschriebenen Weise manifest werden. Mit seriöser Astrologie habe das nichts zu tun.

Die philosophische Frage, ob in der Natur eine innewohnende Bedeutung aufzufinden ist oder ob wir selbst Bedeutung hineinlegen, ist bis heute nicht abschließend geklärt. »Astrologie funktioniert niemals so, dass Konstellationen irgendetwas beeinflussen oder bewirken«, betont Peter Niehenke, »jedenfalls nicht in einem direkten Sinn, wie etwa ein Medikament direkt etwas in unserem Organismus bewirkt.«

Doch der mutmaßliche Zusammenhang zwischen Gestirn und Geschick hat auch kühne Versuche hervorgebracht, die wissenschaftlich absichern sollten, was man schlechterdings nicht ganz ausschließen kann. Wirken Wellen aus dem Kosmos in homöopathischer Dosierung auf den Menschen ein? Werden wir in eine Strahlungsumgebung hineingeboren, die unsere Drüsen beeinflusst? Sind wir dazu verdonnert, lebenslang ein energetisches Kraftfeld mit uns herumzutragen, das mit dem Zeitpunkt unserer Geburt auf null gestellt wird und von da an das vorgesehene Programm abspult?

»Launenhaftigkeit zählt zu den Schwächen des Krebses« – ein typischer Satz aus einem der handelsüblichen Horoskope in einschlägigen Zeitschriften. Welche Konstellationen machen Menschen anfälliger für Stimmungsumschwünge? »Man kann niemals einzelne Konstellationen für eine derartige Aussage verantwortlich machen. Man muss immer die Gesamtgestalt des Horoskops berücksichtigen«, sagt Peter Niehenke und vergleicht: »Auch ein Arzt würde ja niemals auf die Idee kommen, nur den Blutdruck oder irgendein einzelnes Merkmal als alleinigen Auslöser irgendeiner Krankheit anzusehen. Und kein Therapeut käme auf die Idee, ein bestimmtes Erlebnis als alleinige Ursache einer bestimmten Verhaltensweise zu kennzeichnen. Menschliches Verhalten ist immer multikausal.«

»Wie oben, so unten; wie unten, so oben«, beschied Ptolemäus, der Verfasser des ersten astrologischen Lehrbuchs im ersten nachchristlichen Jahrhundert über das Wechselspiel von Makrokosmos und Mikrokosmos. Dass die Sterne nicht zwingen, sondern geneigt machen, erläuterte Thomas von Aquin den schlichten, aber keineswegs einfachen Mechanismus. Elegant meisterte der mittelalterliche Astronom und Astrologe Johannes Kepler die Herausforderung: Er entdeckte am Menschen den »instinctus geometricus«, eine angeborene Empfänglichkeit der Seele für geometrische Proportionen. Wie musikalische Harmonien Schwingungen in der Seele auslösen, erzeuge die Melodie der Planeten Resonanz in den Menschen. »Ein kosmischer Auslösereiz«, beschreibt dies der Freiburger Astrologe Peter Niehenke und zieht Parallelen: »Aus der Musik wissen wir, wie stark Menschen auf Töne reagieren. Wenn wir resonant sind für die entsprechende Musik, kann sie uns traurig oder fröhlich stimmen; vor der Schlacht versetzen die Fanfaren uns in Kampfstimmung; Musik in den Kaufhäusern stimuliert unser Kaufverhalten; beim so genannten Superlearning verbessert die zur Untermalung der Vokabeln verwendete Musik die Behaltensleistungen.« Musik, aber auch Kindergeschrei und Stimmengewirr sind Schwingungen, die ganz bestimmte Wirkungen in uns auslösen können. Manche verhelfen zu tiefen Emotionen, andere rauschen vorbei. Aber wie bringt uns das Mondlied in Stimmung?

Welchen Beitrag die Sterne zu unseren Stimmungen leisten, erklärt Mona Riegger, geprüfte Astrologin des Deutschen Astrologen-Verbandes. Sie berät und unterrichtet seit 1980 und hat 1991 das Astrologie-Zentrum Berlin mitbegründet, wo sie zehn Jahre lang als Dozentin tätig war. Jetzt widmet sie sich verstärkt der Ausbildung fortgeschrittener Astrologen, hält Seminare im gesamten deutschsprachigen Raum und hat zwei Lehrbücher veröffentlicht.

Frau Riegger, wie hängen Sterne und Stimmungen zusammen? Oder anders: Was singt der Mond?

»Astrologisch gesehen ist für den Begriff der Stimmung der Mond zuständig. Aus der Mondstellung im Geburtshoroskop kann man ersehen, wie ein Mensch auf äußere Einflüsse emotional reagiert. Die Mondstellung gibt aber auch Aufschlüsse darüber, was dieser Mensch braucht, um sich wohl und seelisch gut genährt zu fühlen. Jemand mit dem Mond im Wassermann benötigt beispielsweise viel Freiraum für sich und seine Interessen. Auch emotionale Distanz muss zeitweise möglich sein. Ein Zuviel an Nähe und Zweisamkeit erzeugt mit großer Wahrscheinlichkeit schlechte Laune. Bei einem Mond im Krebs ist eher das Gegenteil der Fall. Diese Menschen sind nicht gern allein und fühlen sich leicht bedrückt, wenn keiner ihrer Lieben um sie herum ist. Auch über frühkindliche Konditionierungen und das Verhältnis zur Mutter erzählt die Mondstellung. Im Horoskop finden sich deutliche Hinweise, wenn das Urvertrauen in frühester Kindheit gestört wurde. Ob jemand also missmutig reagiert oder ängstlich oder reizbar, sieht man an der Stellung des Mondes zu anderen Planeten, beispielsweise Mond – Saturn, Mond – Uranus, Mond – Pluto. Das hat aber nichts mit dem Charakter zu tun, denn der prägt sich aus vielen anderen, auch nicht-astrologischen Faktoren.«

Wie im Himmel, so auf Erden: Zyklen und Rhythmen bestimmen Tag und Nacht, Sommer und Winter, Ebbe und Flut. Folgt die Stimmung dem Mondzyklus?

»Der Mond wandert etwa alle zwei Tage in ein anderes Tierkreiszeichen, nach 28 Tagen hat er eine Runde durch den Tierkreis gedreht. Dabei läuft er einmal in Konjunktion zur Sonne, dann haben wir Neumond. 14 Tage später steht er in Opposition zur Sonne, dann ist Vollmond. Neumond- und Vollmondzeiten sind erfahrungsgemäß Zeiten, die besondere Stimmungen beschreiben. Ich will nicht sagen, erzeugen, aber bei Vollmond soll sich, Bauernregeln zufolge, das Wetter ändern. In Kreißsälen ist bei Vollmond nachweisbar die Hölle los, auch Bordelle machen den doppelten Umsatz, gemessen an anderen Tagen. Die Polizei verzeichnet an Vollmondtagen überdurchschnittlich viele Straftaten. Der Sonne-Mond-Zyklus am Himmel scheint also durchaus Wirkungen hervorzurufen. Astrologisch gesehen beschreibt der Mond auch die Stimmung im Volk. Beim Wechsel des Mondes in ein anderes Zeichen kann sich auch das Verhalten einer Bevölkerung ändern: Zum Beispiel bei Mond im Krebs bleiben die Menschen lieber zu Hause und machen es sich gemütlich. Bei Mond in den Fischen sind die Kneipen übervoll.«

Und der einzelne Mensch?

»Auffällig oft kommt schlechte Laune auf, wenn der Mond am Himmel in einem dissonanten Verhältnis zum Geburtsmond steht. Zum Beispiel in Opposition oder im Quadrat. Manche Astromediziner empfehlen, sich nicht operieren zu lassen, wenn der laufende Mond im gegenüberliegenden Zeichen des Geburtsmondes steht. In diesen Zeiten scheint der Mensch die geringste Regenerationskraft zu haben. Mit besonders schlechter Laune könnte man rechnen, wenn diese Konstellationen des Geburtsmondes mit dem laufenden Mond auftreten:

Widder: Krebs, Waage oder Steinbock; Stier: Wassermann, Löwe und Skorpion; Zwillinge: Jungfrau, Schütze, Fische; Krebs: Waage, Steinbock, Widder; Löwe: Stier, Wassermann, Skorpion; Jungfrau: Schütze, Fische, Zwillinge; Waage: Steinbock, Widder, Krebs; Skorpion: Wassermann, Stier, Löwe; Schütze: Jungfrau, Zwillinge, Fische; Steinbock: Waage, Krebs, Widder; Wassermann: Stier, Löwe, Skorpion; Fische: Schütze, Jungfrau, Zwillinge.

Aber es ist recht unwahrscheinlich, dass jemand an allen drei Mondständen auffällig mit schlechter Laune reagiert. Das wären dann ja immerhin sechs Tage im Monat. Aber die meisten Menschen reagieren zumindest an einer dieser zweitägigen Phasen besonders stark.«

Zeigen bestimmte Konstellationen negative Stimmungen nur oder beeinflussen sie auch ihre Entstehung?

»Das ist schwer zu sagen. Bei großen Katastrophen wie dem 11. September, Flugzeugabstürzen oder Erdbeben, die viele Menschen erschüttern, findet man meist eine überaus schwierige Mondstellung. Diese beschreibt dann die Stimmung im Volk wie erstarrt, erschüttert. Sie beschreibt aber auch eine Zeitqualität, die so schwierig ist, dass es zu Überreaktionen, Versagen, Fehleinschätzungen Einzelner in besonderem Ausmaß kommen kann. Bei einzelnen Menschen hingegen würde ich schon sagen, dass an diesen Mondständen im Gegenzeichen oder Quadrat ihr Energiehaushalt gestört ist und sie nicht so reagieren wie sonst.«

Wenn man seine eigene schlechte Laune gegenüber anderen Menschen mit dem Hinweis auf die astrologische Konstellation begründen kann, ist man aus dem Schneider, oder? Wie hoch schätzen Sie den Entlastungswert dieses Argumentes ein?

»Wenn jemand weiß, dass der Mond gerade im Wassermann steht und damit in dem Zeichen, in dem er mit schlechter Laune sowieso rechnen kann, hat er eine gute Erklärung. Er kann auch vorbeugen, indem er seinen Kollegen augenzwinkernd ankündigt: Nehmt morgen besser frei, der Mond steht wieder im Wassermann. Leben lernen muss er mit seiner schlechten Laune so oder so. Für Entschuldigungen und Ausreden zur eigenen Entlastung sollte man die Astrologie nicht missbrauchen.«

5. KAPITEL:

Laune im Labor

Wenn die Astrologie nicht will, lässt sich ja vielleicht die Physiologie in die Pflicht nehmen, um den Grantel zu entlarven. Dass negative Stimmungen in aller Regel mit einem milden Anstieg der allgemeinen physiologischen Erregung auftreten, gilt Biomedizinern von heute als Binsenweisheit. Die reizbar-ängstliche Spielart der miesen Stimmung geht beispielsweise einher mit einem stark erhöhten beta-adrenergenen, kardiovaskulären Tonus, die eher ärgerliche Variante schlechter Laune bringt häufig einen Anstieg des diastolischen Blutdrucks und des peripheren Widerstandes mit sich, zu der sich gelegentlich eine erhöhte somato-motorische Aktivität gesellt: Man tigert durch die Wohnung, versetzt herumliegenden Schuhen Tritte, ballt vielleicht einmal die Faust. Doch auch das Gegenteil firmiert unter dem Formenkreis der schlechten Laune – man hängt schlaff auf dem Sofa, greift unbestimmt nach einem Buch, um es sogleich wieder wegzulegen, und reagiert unwirsch, wenn das Telefon klingelt. Weder kreisen Adrenalinströme merklich im Körper, noch schlägt das Herz im Hals. Ja, man ist sich gar nicht mal so sicher, ob es überhaupt noch schlägt oder jemals wieder für irgendetwas höher schlagen wird, und will eigentlich nur seine Ruhe haben.

Wissenschaftler haben bislang keine genauen Erkenntnisse darüber gewonnen, wie ganz spezielle Stimmungen mit ganz speziellen physiologischen Veränderungen zusammenpassen. Dabei wäre es doch so praktisch, in sehr spezifischen Stimmungsbildern ebenso spezifische physiologische Puzzleteile erkennen zu können! Doch das will uns der derzeitige Stand der Erkenntnisse nicht erlauben. Fest steht eigentlich nur, dass auch eine physiologisch exakt messbare miese Stimmung ihr ganz eigenes Milieu braucht, um sich zu voller Blüte zu entfalten.

Die künstliche Herstellung schlechter Laune im Labor über das Herbeiführen physiologischer Erregung funktioniert allerdings, und zwar mithilfe von pharmakologischen Substanzen wie Beta-Blockern für die schlechte, stimulierenden Präparaten für die gute Laune und Placebos, um beide Ergebnisse kontrollieren zu können. Placebo-Effekte wurden auch hier beobachtet: In Gestalt von Stimmungsveränderungen nach der Einnahme wirkstofffreier Präparate stellt sich häufig die erwünschte Wirkung ein. Mit einer Ausnahme: Nur den Schwips kann man sich nicht einbilden, den muss man sich wirklich einschenken. Alkohol bewirkt eine Stimmungsveränderung, die auf rein physiologischer Basis zustande kommt. Ob das Gläschen jedoch als upper oder downer wirkt, entscheiden wiederum die Umstände. Mit anderen Worten: Substanzen wirken zwar über den physiologischen Kanal auf die Stimmung ein, bewahren aber einen soliden Rest von Unberechenbarkeit – sie wirken eher emotionsunspezifisch.

Damit man Stimmungslagen erforschen kann, muss man sie zunächst einmal herbeiführen. Die Wissenschaft bedient sich erfolgreich verschiedener miteinander kombinierbarer Verfahren, um schlechte Laune hervorzubringen.

Kommt schlechte Laune von innen?

Die gute Nachricht zuerst: Weil Stimmungen sich herstellen lassen, sind sie auch beeinflussbar, jedenfalls ein bisschen. Zwar ist es uns nicht gegeben, eine Stimmung ganz einfach per Willensbeschluss abzuschalten und eine andere anzuschalten, aber wir haben eine Menge Kniffe, Tricks und Strategien uns in Stimmung zu bringen, unsere Launen zu beeinflussen. Ganze Branchen leben davon, uns entsprechende Hilfsmittel zur Verfügung zu stellen, zum Beispiel die Film- und Unterhaltungssparte, aber auch die Alkohol-, Zigaretten- oder Psychopharmakaindustrie.

Über den Tag hinweg variiert die Laune ganz von selbst und wird von Alltagsereignissen zweifellos beeinflusst. Eine gewisse Bandbreite der Schwankungen ist also schon von vornherein angelegt: So wie kaltes Wasser an heißen Tagen noch kälter erscheint, unterlegt die Stimmung das Erleben mit einem Umfeld, das entweder passt oder nicht, aber in der Gesamtbilanz auf Harmonie angelegt ist. Doch den Weg zur Erkenntnis eindeutiger Zusammenhänge erschweren wenig standardisierbare Bedingungen, so die Wissenschaft, die sich um die Klärung der einzelnen Faktoren beim Zustandekommen der Stimmungen bemüht. Zu viele Einzelfaktoren sind an dem Geschehen beteiligt, das mit dem Wort von der schlechten Laune allenfalls grob umrissen ist.

Einige Forscher haben versucht, das Phänomen in seiner natürlichen Umgebung zu studieren. Sie riefen ihre Versuchspersonen an sonnigen oder regnerischen Frühlingstagen an oder nachdem deren Lieblingsfußballmannschaft ein Spiel gewonnen hatte, um ihre Stimmung und das Ausmaß ihrer Lebenszufriedenheit zu erfragen – mit mäßigem Erfolg. Die Ergebnisse waren nicht eindeutig. Auch der Versuch, über Gerüche Stimmungen unmittelbar, ohne kognitive Vermittlung auszulösen, blieb im Ergebnis eher vage. Angenehmer Mandelduft und das unangenehme Odeur von Pyridin, dem Stoff, mit dessen Hilfe Alkohol vergällt wird, erwiesen sich im Versuch als wenig wirksam und werden von Seiten der Wissenschaftler nur noch für Untersuchungen von Kleinkindern und Hirnverletzten empfohlen. Schade eigentlich für die Verheißungen der Aromatherapie – aber Wohlgerüche allein scheinen noch keine wohlige Stimmung verbürgen zu können.

Dennoch ist die Frage nach dem Einfluss von Stimmungen auf Verhalten und Gedanken ein bedeutendes Anliegen der Emotionsforschung, die neuerdings sogar den Flirt mit der Wirtschaft sucht. Das World Wide Web bringt´s auf den Weg. »Erkenntnisse zu Möglichkeiten der Stimmungsinduktion online könnten auch im wirtschaftlichen Bereich für Unterhaltungsangebote sowie für die umsatzfördernde Gestaltung von Websites Berücksichtigung finden«, lockt die Nürnberger Psychologin Anja Göritz in einem Überblicksreferat zur Frage, wie sich Stimmungen experimentell über dieses neue Medium erzeugen und nutzen lassen, auch ohne dass die (teure) physische Anwesenheit von Experimentatoren notwendig sei und weitere Kosten für Versuchsräume und Versuchsmaterialien anfielen. »Online-Stimmungsinduktion«, fasst sie zusammen, »ist ein erster Vorstoß in unbekanntes Terrain.«

In den letzten zehn, zwanzig Jahren interessierte man sich zunehmend dafür, ob gut gelaunte Personen geistig flexibler sind als andere, ob positive Stimmung die Anwendung bestimmter Entscheidungsstrategien mit sich bringt oder welche Wirkung von der Gestimmtheit auf die Bereitschaft ausgeht, anderen Personen zu helfen.

Grundlagenforschung im sensiblen Bereich

Wissenschaftler lassen sich viel einfallen, um zu Forschungszwecken im Labor die schlechte Laune künstlich herzustellen: Sie hypnotisieren ihre Versuchspersonen, lassen sie schwermütige Musik hören, traurige Filme anschauen, veranlassen sie, sich an unangenehme Erlebnisse zu erinnern, oder frustrieren ihre Probanden gezielt in sorgsam ausgetüftelten Versuchsanordnungen. Ihre Ergebnisse belegen: Das geht – wenn auch nur für kurze Zeit. Im Labor hat die schlechte Laune, anders als im richtigen Leben, eine Halbwertszeit von etwa zehn Minuten; nach spätestens einer halben Stunde ist die Erscheinung im Allgemeinen verschwunden.

Mehr oder weniger geeignete Methoden, Versuchspersonen in negative oder positive Stimmung zu versetzen, versammelt der Emotionsforscher Jürgen Otto in einem weiträumigen Überblicksaufsatz, der 250 Befunde mustert, die mit elf verschiedenen Methoden an rund 11 000 Versuchspersonen gewonnen wurden. Unermüdliche Forscher haben etwa versucht, über die Manipulation des Gesichtsausdrucks eine Stimmungsveränderung auszulösen. Sie wiesen ihre Probanden an: die inneren Augenbrauenenden hochzuziehen, die Mundwinkel zu senken und ihre Wangen zu heben, um sich traurig zu fühlen. Andere sollten die Augenbrauen zusammen- und herabziehen, die Lippen aufeinander pressen und die Zähne zusammenbeißen, damit sie in ärgerliche Stimmung verfielen. »Mund öffnen und die Mundwinkel hochziehen«, lautete die Anweisung für den angestrebten freudigen Zustand. Unerschrocken schoben andere Versuchsleiter ihren Probanden einen Bleistift zwischen die Zähne und baten sie alsdann um ein Heben der Mundwinkel, um die muskulären Voraussetzungen eines Lächelns zu schaffen. Damit gelang ihnen zumindest der wissenschaftliche Nachweis der allgemeinen Erkenntnis, dass die Aufforderung »Mach doch nicht so ein Gesicht!« bei schlecht gelaunten Menschen nicht fruchtet – im Grunde so sinnvoll wie ein Überholverbot im Formel-Eins-Rennen: »Die Manipulation des Gesichtsausdrucks erweist sich durchweg als das am wenigsten effektive Verfahren«, so das Fazit des Aufsatzes. Glücklicherweise gibt es bessere.

Das Paar zieht bald alle Blicke auf sich. Harry und Sally haben in einem Restaurant Platz genommen, das Essen bestellt und liefern sich nun einen amüsanten Schlagabtausch, in dem die witzigen Repliken sich jagen. Unvermittelt beginnt Sally, ihrem Tischgefährten einen prächtigen Orgasmus vorzuspielen; die lauthals gewimmerten, gestöhnten und gejubelten Kadenzen fesseln die Aufmerksamkeit an den Nachbartischen. Von da hört man eine eher unscheinbare Dame mittleren Alters dem Kellner, der auf ihre Bestellung wartet, auftragen: »Ich will genau das, was sie hat.« Heiterkeitsausbrüche beim Publikum im Kino angesichts dieser Szene aus dem Film ›Harry und Sally‹ sind so gut wie sicher, und das programmierte Vergnügen wird von soliden Forschungsergebnissen untermauert.

Schon vor rund fünfzig Jahren konnten Stressforscher belegen, dass ein Filmstressor fast identische Auswirkungen wie eine reale Belastung bei einer Person hat, genau wie andere visuelle Reize auch, wenn sie nur stark genug sind. Diese Erkenntnisse leisten auch Emotionsforschern gute Dienste. Für Stimmungslagen liegen zwar keine Standardfilme vor; einige Kinostreifen sind jedoch mit großem Erfolg eingesetzt worden, um Versuchspersonen absichtlich in bestimmte Stimmungen zu versetzen. Die Szene »Ausbruch des Atomkrieges« aus dem Kinoerfolg ›The Day After‹ von 1984 trübt die Stimmung von Probanden nachweislich. Eine neutrale Kontrollgruppe jenseits von guter oder schlechter Laune hingegen schaut einen mathematischen Lehrfilm über das Trägheitsellipsoid oder einen vergleichsweise unspannenden Forschungsfilm über die Epidermiszellkultur an und erlebt als Folge ausgesprochen neutrale Stimmungslagen.

Rund achtminütige Ausschnitte aus verschiedenen Filmen haben die Forscher eingesetzt, um sehr wohl spezifische emotionale Zustände hervorzurufen: Vergnügen mit ›Harry und Sally‹ Furcht durch ›Shining‹ oder ›Das Schweigen der Lämmer‹, Traurigkeit über ›Bambi‹ und Überraschung mit ›Unternehmen Capricorn‹. Geschichten- und Filmvorgaben haben sich – mit und ohne ausdrückliche Aufforderung an die Versuchspersonen, sich in diese oder jene Stimmung zu versetzen – als die effektivsten Verfahren zum Erzeugen von Stimmungen erwiesen. Dabei sind »die Effekte für die Induktion negativer Stimmung generell größer als für die Induktion positiver Stimmung«, fasst der Emotionsforscher Jürgen Otto die Ergebnisse aus allen Studien zusammen. Will sagen: Gute Laune lässt sich vergleichsweise einfach provozieren, schlechte hingegen braucht komplexe Versuchsanordnungen.

Das so genannte Velten-Verfahren, das Lesen selbstbezogener Aussagen, ist das am häufigsten benutzte, wenn auch nicht ganz so wirkungsvolle Verfahren zur Herstellung einer traurigen, gehobenen oder neutralen Stimmung. Für jede Ausprägung lesen die Versuchspersonen erst leise, dann laut sechzig Aussagen wie »Ich bin voller Energie« für die gehobene Stimmung, »Es gibt zu viele schlechte Dinge in meinem Leben« für die gedrückte Stimmung und »Gelegentlich benutze ich eine Schreibmaschine« für die neutrale Stimmung. Mit Musik geht das noch besser: Um in gute Stimmung zu kommen, hören Versuchspersonen Stücke von Mozart, Vivaldi, den Beatles. Für negative Stimmung spielt man ihnen Stücke von Beethoven, Mahler und Stivell vor. Neutrale Stimmung erzeugen Stücke von Dvořák, Holst oder der Gruppe Kraftwerk.

Der besseren Wirkung wegen greifen Wissenschaftler gern zu Kombinationen von Verfahren. Zu den Klängen von Albinonis Adagio g-moll beispielsweise lesen Versuchspersonen dann rund fünfzig ich-bezogene negative Selbstaussagen, die sich auf negative körperliche Empfindungen und negative Selbstbewertungen beziehen, à la »In meinem Leben geht in letzter Zeit alles schief«. Bestens geeignet für schlechte Laune unter kontrollierten Laborbedingungen sind Aussagen, die auf ein geringes Selbstwertgefühl (*»Ich bin zu nichts nutze«*), Zweifel an der eigenen Kompetenz (*»Ich kann das nicht«*), negative Sicht der eigenen Zukunft (*»Aus mir wird sowieso nichts Gescheites mehr«*), Antriebslosigkeit (*»Wozu soll ich überhaupt noch aufstehen? Hat doch eh alles keinen Sinn«*) zielen.

Schöne Erfolge haben Forscher aber auch mit manipulierten Misserfolgsmeldungen bei der vermeintlichen Bearbeitung von Intelligenztests oder in der experimentellen sozialen Interaktion. Negative Rückmeldungen und zusätzlich noch unfaire, gemeine Kritik bewirken zuverlässig trübe Stimmungen, genauso wie der Auftrag an die Probanden, rückwärts zu zählen, wobei sie von den Versuchsleitern immer wieder unterbrochen und kritisiert werden.

Ein bemerkenswertes Verfahren zur durchschlagenden Stimmungsverschlechterung stellt Berndt Scholz vom Psychologischen Institut der Universität Bonn vor. Er kombinierte die Velten-Technik der negativen Selbstaussagen mit hypnotischen Elementen und allertraurigster Musik, etwa dem ›Prolog der Trauermusik auf Bela Bartók für Streichorchester‹ des polnischen Komponisten Witold Lutosławski, der in der Bewertung die höchste Note für alle Facetten der Traurigkeit von schwermütig über beklemmend bis düster erreichte. Die Wirkung sei zersetzend für den Hörer, beschreibt Scholz den Kanon, der auf einem Zwölftonthema aufbaut, das mit vielen Tritonussprüngen und Halbtonschritten in einem erschütternden Glockenmotiv endet. Diese Musik bildet den Hintergrund zu einer Bewerbungsgeschichte, die den Tagesablauf eines Berufsanfängers schildert, dem nach einer mehr oder weniger durchwachten Nacht eine Reihe von unvorhergesehenen Katastrophen widerfährt. Eine Kette von Misserfolgen, als deren Opfer sich der Protagonist sieht. Er erhält die Kündigung seiner Mietwohnung, er erscheint aufgrund eines Missgeschicks zu spät an seinem Arbeitsplatz, wo ihm unter kränkenden Umständen die Kündigung ausgesprochen wird. Das Ergebnis in Gestalt der vorher und nachher abgefragten Stimmungen entsetzt nachgerade: Bei drei Vierteln der Teilnehmer zeigt die hypnotische Stimmungsinduktion nachweislich Wirkung. Das Ausmaß der Stimmungsverschlechterung überstieg die Erwartungen des Forschers bei weitem. Und sie hielt mehr als doppelt so lange wie üblich an, nämlich etwa 60 Minuten lang. Wer aus diesem Experiment niedergeschlagen, trübsinnig und erdenschwer herausging, wird gewusst haben, warum.

Ein anderer handfester Beweis für die Beeinflussbarkeit unserer Stimmungen von innen ist die Wirkung euphorisierender Drogen. Eine ganze Palette von Stimmungsaufhellern steht uns zur Verfügung, die einen unmittelbaren und bequemen Zugang zum intensiven Glücksgefühl verheißen. Auch wenn der

Schein trügt und die Wirkung bald verfliegt – es funktioniert, für kurze Zeit und um den Preis des Ruins auf lange Sicht.

Schlechte Laune kommt also (auch) von innen. »Sie entsteht durch innere körperliche Befindlichkeit, die sich verändert«, sagt der Psychologe Heiko Ernst, »vor allem ein allmählicher oder schneller Energieverlust lässt uns häufig unmerklich in schlechte Laune abgleiten.« Wer müde wird und trotzdem wach und aufmerksam bleiben muss, wer hungrig ist und nichts zu essen hat, erlebt eine wachsende Kluft zwischen Soll- und Istzustand – eben das, was man landläufig als schlechte Laune bezeichnet.

6. KAPITEL:

Irgendetwas fehlt immer

Antimonit heißt der dunkelsilbrige, metallisch glänzende Stein, den man in jedem gut sortierten Esoterikladen kaufen kann. Sein Thema ist die Abgrenzung zu anderen Menschen. Der Antimonit hilft seinem Besitzer, sich auf sich selbst zu konzentrieren und seine überfürsorgliche, starrsinnige, kontrollierende Haltung den Mitmenschen gegenüber aufzugeben, ganz ähnlich übrigens wie die Bachblüte Chicory. Darüber hinaus habe man im Antimonit ein Heilmittel gegen Schuppenflechte und Neurodermitis zur Hand, besonders gut helfe er jedoch gegen Grant und schlechte Laune bei Vollmond, weiß man in esoterischen Kreisen. Die Zeitschrift ›Glamour‹ glaubt das nicht; sie lobt vielmehr den Lachs zwecks Hebung der Laune, den »schmackhaften Beschützer von Herz und Arterien«. Verzehrt man Lachsschnittchen, passiert Folgendes: »Gegen Migräne werden hochwirksame Omega-3-Fettsäuren aktiv. Sie entspannen die Blutgefäße und verbessern die Durchblutung im Gehirn. Außerdem sorgen Fischöle dafür, dass Cholesterinspiegel und Blutdruck sinken.« Das ist noch längst nicht alles, der Lachs kann noch mehr: »Belgische Wissenschaftler haben festgestellt, dass die Fettsäuren schlechte Laune und depressive Stimmungen vertreiben.«

Am Urgrund der miesen Stimmung steht immer ein Mangel, davon sind Physiologen überzeugt. Im Winter fehlt das Licht der Sonne, im modernen Großstadtleben die Bewegung. Vielen Menschen fehlt einfach Schlaf – für miese Laune am Morgen machen 37 Prozent der Frauen und 25 Prozent der Männer den Umstand verantwortlich, dass sie auch im Bett schlecht abschalten können. Das ergab eine Umfrage für die Zeitschrift ›Das Haus‹. Jeder vierte Befragte bekannte sich hier zur Morgenmuffelei.

Wenn in den Wechseljahren die körpereigene Östrogenproduktion ins Stocken gerät, leiden Frauen häufig unter Stimmungstiefs. Dass ein Mangel des Geschlechtshormons Testosteron aber auch Männer traurig und übellaunig machen kann, haben schottische Wissenschaftler erst kürzlich herausgefunden, so die britische Fachzeitschrift ›New Scientist‹ im März. Im Mai sattelte das Blatt noch eins drauf: Familienväter haben durchweg weniger Testosteron im Blut als Singles. Das haben Forscher an der amerikanischen Harvard-Universität herausgefunden. Sie vermuten, dass der niedrigere Spiegel des Sexualhormons Väter treuer machen und ihren Familiensinn wecken könne. Könnten also, man wagt es kaum auszusprechen, familiäre Verpflichtungen als Verursacher schlechter Laune in Frage kommen? Nun ja. »Möglicherweise sorgt das Familienleben selbst für ein Absinken des Testosterons«, formulieren die Forscher vorsichtig, »so ergäbe sich ein selbstverstärkender Kreislauf.« Der Einfluss äußerer Ereignisse auf den Testosteron-Spiegel sei aus dem Sport schon bekannt und könne sich auch im Familienleben zeigen.

Weitere Forschung ist nötig und wird ja auch betrieben, zeitigt hier und da bereits schöne Ergebnisse, die zumindest Frauen berechtigte Hoffnung auf gute Laune macht. »Wenn nicht viele Zeichen trügen«, schreibt der Medizinjournalist Rolf Degen, »rufen bioaktive Stoffe im männlichen Samen im Unterleib von Frauen stimmungsaufhellende Wirkung hervor.« Was klinge wie die Fantasie eines Machos, der von der selig machenden Leistung seiner Keimdrüsen träume, sei eine Publikation im angesehensten Fachblatt der Sexualforschung und halte statistischen Kontrollen stand. Rolf Degen stellt den Befund des New Yorker Psychologen Gordon G. Gallup vor, der im Maiheft 2002 der ›Archives of Sexual Behaviour‹ veröffentlicht ist. 293 Frauen hatten freimütig Auskunft über alle Aspekte ihres Sexuallebens gegeben. Das Ergebnis: Die Frauen, die beim Verkehr nie Kondome benutzten, hatten die beste Gemütsverfassung. Sie litten seltener unter Depressionen als Kondombenutzerinnen und sexuell inaktive Frauen, und sie hatten auch weniger Selbstmordversuche verübt. Zwar bilden alle diese Daten noch keinen unumstößlichen Beweis, sagt Gallup, aber doch scheinen alle Pfeile in die gleiche Richtung zu weisen: Im Sperma ist ein Cocktail von bioaktiven Stoffen und Hormonen enthalten, darunter Testosteron, Östrogen, Prostaglandine und Prolaktin. Einige Stoffe wirken nachweislich antidepressiv, bei anderen ist erwiesen, dass ihr Spiegel bei Depressiven verringert ist. Frauen können diese Stoffe über die Vagina in die Blutbahn aufnehmen. Über die Mundschleimhaut übrigens auch.

Kann man gute Laune essen?

Auch zwischendurch geht uns immer wieder der Glücksbotenstoff Serotonin aus – weil wir zu viel, zu wenig oder das Falsche essen. Einschlägige Gesundheitstipps tischt die chinesische Medizin auf: Manche Lebensmittel fördern im menschlichen Körper den Ausstoß bestimmter chemischer Substanzen, die tendenziell zur Heiterkeit beitragen, heißt es bei Radio China International. Der chinesische Speiseplan für Betrübte sieht unter anderem Paprika vor, denn Paprika heize die Nervenenden in der Mundhöhle an und dadurch würden im Gehirn Endorphine freigesetzt. Mögliche Folge sei eine zumindest kurzzeitige Stimmungsaufheiterung. Täglich zwei Orangen und zehn Weintrauben, erklären chinesische Mediziner weiterhin, wirken sich bei nervöser, wütender und bedrückter Stimmung mildernd aus. Bei schlechter Laune solle man vor allem darauf achten, ausreichend Wasser zu trinken, denn Wassermangel allein könne schon zu leichten Depressionsgefühlen führen. Wenn man sowieso schon Kummer habe, dann sei der Verzicht auf Wasser kontraproduktiv.

Wenn wir Kummer haben, Trübsal blasen, uns tagsüber die Konzentration, nachts der erquickende Schlaf verlässt und über all dem die Stimmung unweigerlich flöten geht, sollen wir besonders auf eine gute Ernährung achten – das rät jedenfalls eine gute ›Freundin‹ wie ›Allegra‹, ›Brigitte‹ oder ›Marie-Claire‹. Aus dem bunten Strauß der Alltagsüberzeugungen vom Zusammenhang zwischen physiologischen Zuständen und Stimmungen pflücken Gesundheitsmagazine, Frauenzeitschriften und Lifestyle-Berater prächtige Blüten. Vorzugsweise im November und im Februar, wenn die Stimmung mit den Temperaturen gegen Null und von da aus weiter nach unten steuert, geben einschlägige Magazine die volle Breitseite an Tipps und Tricks zur Stimmungspflege auf ihre vermeintlich im Stimmungstief verloren gegangene Leserschaft.

Aber auch bei ›Men's Health‹ gilt: Gute Laune kann man essen. »Die Eiweißbausteine L-Tyrosin und Lysin (auch in Haferflocken, Milchprodukten und Erdnüssen) helfen beim Kampf gegen das Tief. Die Produktion des Glückshormons lässt sich durch Schokolade und Bananen ankurbeln« – so einer der Tricks, die gegen schlechte Laune helfen sollen, jedenfalls wenn sie ihren Grund darin hat, dass bestimmte Eiweißverbindungen im Blut akut fehlen und obendrein kein Krümel Schokolade mehr im Haus zu finden ist.

Nervennahrung, Muntermacher, Seelentröster

»Die Zeiten sind schlecht. Schick mehr Schokolade« – ein beliebtes Postkartenmotiv bringt es auf den Punkt. Der Schokolade eilt der Ruf voraus, gegen Liebeskummer zu helfen, allgemeinen Frust zu vertreiben, strapazierte Nervenkostüme auszubessern und für gute Laune zu sorgen, wo schlechte sich breit gemacht hat. Ein süßer Rundum-Trost für jede Lebenslage – das weiß schon jedes Kind. Erwachsene ebenso: Da ist ein Architekt süchtig nach Konfekt, gönnt sich ein Manager den süßen Muntermacher zwischendurch und belohnt sich eine junge Kreative rituell mit Sahnetörtchen. Kein Zweifel, Essen macht glücklich.

Die Erfahrung, dass Glück süß schmeckt, machen wir früh – schon als Säugling an der Mutterbrust bemerken wir, dass süße Milch auch Geborgenheit, Nähe, Ruhe und Trost bedeutet. Diese Lektion haben wir fürs Leben gelernt und greifen noch viele Jahre später immer wieder zielstrebig nach Süßigkeiten, wenn wir traurig sind, uns überanstrengt fühlen oder sonstwie in Stress geraten.

Daran ist keinesfalls nur die Psyche schuld. Es steckt tatsächlich Chemie dahinter. Während die Schokolade noch auf der Zunge zergeht, beginnt im Gehirn schon ein Stoff in sehr hoher Konzentration zu kreisen: das Serotonin. Der Funke springt über, von einer Zelle zur anderen: Der chemische Botenstoff Serotonin übermittelt immer nur gute Nachrichten. Und schon wispern Synapsen von Glück und Hochgefühl, raunen Neuronen einander von Zufriedenheit, Entspannung und Behagen zu, tuscheln Nervenenden von wohliger Müdigkeit oder heiterer Gelassenheit. Jetzt ist er da, der kleine Kick zwischendurch.

Von nun an geht´s bergab. Wird das Serotonin knapp im Gehirn, wirkt sich dieser Mangel auf die Seele aus: Schlechte Laune macht sich breit, wir fühlen uns matt, niedergedrückt, antriebslos. Automatisch steigt das Verlangen nach Sachen zum Essen, die den Pegel wieder ansteigen lassen – Schokolade zum Beispiel.

Neurobiologen wissen schon lange, welche Rolle das Serotonin für unsere Gemütsverfassung spielt. Denn depressive Patienten, die aus den verschiedensten Umständen unter Angstzuständen und Schlafstörungen leiden, haben eines gemeinsam: Sie weisen eine sehr niedrige Serotoninkonzentration im Gehirn auf. Moderne Antidepressiva zielen deshalb darauf, den Serotoninspiegel im Gehirn zu erhöhen. Das gelingt auf verschiedenen Wegen; sei es, dass mehr Serotonin produziert wird, sei es, dass mehr davon im Gehirn unterwegs ist oder es länger wirken kann, indem sein Abbau verlangsamt wird.

Wie wir dem Serotonin über unsere Nahrungsaufnahme auf die Sprünge helfen können, wo die Verbindung zwischen Essen und Psyche liegt, ist allerdings im Detail noch nicht geklärt. »Nur so viel steht fest«, erklärt Udo Pollmer, Lebensmittelchemiker und Genussmittelexperte aus Gemmingen in einer Gesundheitssendung im Hessischen Rundfunk, »Serotonin zu essen bringt nichts.« Das Hormon kreise dann zwar im Blut, aber es gelange nicht an seinen Einsatzort. Denn der liege im Gehirn, das wiederum von der Blut-Hirn-Schranke umgeben sei. Diese passieren nur ganz bestimmte Stoffe aus dem Blut. Und Serotonin gehört nicht dazu.

Aber das Tryptophan, der wichtigste Rohstoff, aus dem in den Fertigungsstraßen des Gehirns das Glückshormon hergestellt wird, hat Zugang. Dieses Eiweiß ist eine Vorstufe des Gute-Laune-Machers Serotonin und glücklicherweise in vielen Nahrungsmitteln enthalten. Milch und Quark, Joghurt, aber auch Bananen, Ananas, Feigen, Erdnüsse und auch Kakao enthalten jede Menge Tryptophan. Je mehr davon im Blut unterwegs ist, desto mehr kann die Produktion des Serotonins im Gehirn gesteigert werden.

Doch die Zufahrtswege haben ihre Tücken. Da lauern andere, durchsetzungsfähigere Eiweiße, die wir zwangsläufig mitgegessen haben, weil auch sie in Milch und Schokolade stecken. Jetzt kämpfen sie mit dem Tryptophan an den Werkstoren um Einlass durch die Blut-Hirn-Schranke. Sie sind schneller und versperren den Durchgang. Deshalb hilft viel nicht viel: Ernähren wir uns übermäßig eiweißreich, nehmen wir zwar eine große Portion Tryptophan auf, schicken aber auch gleichzeitig seine Gegenspieler auf die Piste. Und dann kriegen wir schlechte Laune. Ist unsere Nahrung zu eiweißhaltig, macht uns das nicht glücklich, sondern eher missgestimmt und aggressiv.

Wie gut, dass es den Zucker gibt. Während wir genüsslich

unseren Blutzuckerspiegel erhöhen, funken wir ein Signal an die Bauchspeicheldrüse, Insulin auszuschütten. Wie ein Staubsauger zieht das Insulin sämtliche Eiweiße, die in der Blutbahn unterwegs sind, in die Muskelzellen. Nur das Tryptophan nicht. Dieses wichtige Vorprodukt für Serotonin hat jetzt freie Fahrt und steuert mit Karacho zum Ziel, überwindet die Blut-Hirn-Schranke wie im Fluge und kommt im Gehirn an, um dort sogleich seine segensreiche Wirkung zu entfalten.

Sehr vernaschte Naturen und Zahnärzte mit Geschäftssinn freuen sich jetzt allerdings zu früh. Das Ganze funktioniert auch mit Nudeln, Kartoffeln und frischem Obst. Da steckt Stärke drin – ein Mehrfachzucker, der erst in den Einfachzucker Glucose zerlegt werden muss. Das dauert etwas länger und wirkt etwas später, hält dafür aber auch länger an. Während die Turbo-Glücksbringer wie Schokolade und Co. einen rasanten Blutzuckeranstieg bewirken, der ebenso schnell wieder in den Keller sinkt, sorgen Obst und Gemüse für ein eher gleichmäßiges Zuckerdoping. Gesünder sind sie sowieso.

Ernährungswissenschaftler von heute erlauben trotzdem hin und wieder Süßigkeiten. Schließlich isst die Seele mit. »Wer Zucker bewusst aus dem Speiseplan streicht, sich und vor allem seinen Kindern die kleine Nascherei zwischendurch verbietet, tut sich keinen Gefallen.« Auch Genussmittelexperte Udo Pollmer meldet Bedenken gegen die ersatzlose Streichung von Süßigkeiten an. »Das Verlangen, der Reiz wird immer größer und schließlich naschen wir doch. Das schlechte Gewissen plagt uns, die schlechte Laune ist vorprogrammiert und der erneute Griff in die Süßigkeitenschublade ebenso.« Ein Teufelskreis, »psychologisch gesehen eine wahre Katastrophe«. Am Kummerspeck jedenfalls sei der Zucker meistens nicht schuld. Nicht der Zucker mache dick, sondern das Fett in den Süßigkeiten. »Viel Tryptophan, viele Kohlehydrate, wenig andere Eiweiße« – sein Glücks-Rezept ist einfach, sein Votum klar: »Lieber Gummibärchen als Schokolade.«

7. KAPITEL:

Dem wahren Täter auf der Spur

Alles andere als einfach

Mal angenommen, es stimmt wirklich alles: Man hat ausreichend geschlafen, ist soeben von einem einstündigen Waldlauf zurückgekommen und verzehrt jetzt ein ballaststoffreiches, von Tryptophan nur so strotzendes Frühstücksmüsli in netter Gesellschaft. Dazu scheint die Sonne hell und warm. Die Serotoninproduktion läuft reibungslos, der Nachschub in Gestalt von Gummibärchen, Erdnüssen und Buttermilch ist gesichert – und trotzdem ist man noch saurer, als die Milch zum Frühstück jemals sein könnte, ohne jedoch zu wissen, warum eigentlich. Schlecht aufgelegt zu sein, obwohl der Körper alles hat, was er braucht, das kennt man doch. Als Folge hormoneller Schwankungen, nach körperlicher Aktivität, aber auch nach Passivität, bei gesundheitlichen Beeinträchtigungen, nach Alkohol- und Drogengenuss, wegen Ernährungsveränderungen, im Zusammenhang mit tageszeitlich und saisonal bedingten Veränderungen: Für alle Auslöser schlechter Laune gilt »hohe Plausibilität«, sagt die Nürnberger Emotionsforscherin Andrea Abele-Brehm, »doch die empirische Basis ist gering«.

Etliche experimentelle Studien über die Auswirkungen positiver, negativer und neutraler Leistungsrückmeldungen auf die Stimmung der Probanden versuchen, den physiologischen Niederschlag der Stimmung dingfest zu machen. Hautleitfähigkeit, Unterarmmuskelspannung, Pulslaufzeit, Herzfrequenz wurden gemessen, um der guten wie der schlechten Laune ein physiologisch eindeutiges Bild zuordnen zu können. »Komplex,« beschreibt Abele-Brehm die Befundlage, »aber nicht eindeutig.« Es hat keinen Zweck: »Die physiologische Aktivierung scheidet als Einzelursache für die Einflüsse der Stimmung auf die geistige Leistung aus.«

Dass eine Stimmung eher selten mit eindeutigen physiologisch messbaren Veränderungen einhergeht, betont auch der Würzburger Psychologe Roland Neumann: »Kriterium ist die Empfindung.« Er konstatiert, dass eine rein biologische Erklärung an sich nicht handfester sei als eine nichtbiologische. »Vielleicht haben wir uns nur angewöhnt, naturwissenschaftlich belegten Fakten mehr zuzutrauen. Schließlich leben wir heute in einer Hoch-Zeit der Biowissenschaften.« Als Vergleich führt Neumann an: »Vor wenigen Jahren haben wir die Entstehung der Schizophrenie ausschließlich im psychosozialen Bereich gesucht, heute finden wir nur noch genetische Marker für schizophrene Erkrankungen.«

Auch der amerikanische Emotionsforscher Brian Parkinson betrachtet reserviert die Tendenz, dem Stimmungstief allein physiologische Ursachen zuzuschreiben. Mehr noch: Man könne wie bei dem Klassiker mit der Henne und dem Ei noch nicht einmal klar erkennen, ob körperliche Zustände Stimmungen bewirkten oder Folgen von Stimmungen darstellten. Er folgert achselzuckend: »Wahrscheinlich sind alle Beziehungen zwischen physiologischen Zuständen und Stimmungen subtil und komplex.« Das Ereignis Stimmung sei niemals simples Ergebnis einer Reiz-Reaktionskette. So gehen auch beide Pole des Spektrums von glänzender bis miserabelster Stimmung mit Zuständen körperlicher Erregung einher. Die traditionelle Annahme, wonach das gefühlsmäßige Erleben, unter das auch die Stimmungen fallen, direkt oder indirekt mit Rückmeldungen über die körperliche Verfassung zusammenhängt, greife zu kurz. Parkinson unterstreicht den Informationsgehalt jeder Stimmung im Hinblick auf zwischenmenschliche Botschaften. Die Reaktionen anderer können uns Hinweise darauf liefern, dass unsere eigene Stimmung der Überwachung bedarf, skizziert Parkinson das biosoziale Feedback: »Wenn man von anderen darauf hingewiesen wird, dass man schon den ganzen Tag schlechte Laune verbreitet, denkt man möglicherweise darüber nach, was man seit dem Aufstehen gefühlt und getan hat und wie dieses Verhalten auf andere gewirkt haben könnte, und kommt zu dem Schluss, dass man tatsächlich schlechter Stimmung war und immer noch ist.« Am Kopf vorbei, so scheint es, kann der Körper aus eigener Kraft keine schlechte Stimmung produzieren.

Alles nur psychisch?

Je nach eigener Stimmung können bestimmte Erlebnisse, Menschen oder Nachrichten uns zum Mitschwingen bringen oder kalt lassen, können uns äußere Stimmungen also anstecken oder nicht. Die Stimulierung unserer Stimmung durch Faktoren in der Umwelt bezeichnen Psychologen als eine motivierte, psychologisch einfühlbare Stimmungsbeeinflussung.

Es gibt aber auch das andere. »Wir erleben oder erfahren an uns täglich auch Stimmungen, die eben nicht motiviert, sondern das Resultat endogener Faktoren sind«, schreibt der Wissenschaftsjournalist Hoimar von Ditfurth in seinem Buch über die Evolution unseres Bewusstseins. Dennoch neigen wir dazu, »auch solche endogenen Schwankungen als psychologisch ausgelöst anzusehen«. Und basteln uns einen Grund. »Anlässe finden sich ja immer, im Positiven wie im Negativen.« Häufig ist es sowieso kaum noch möglich zu unterscheiden, was Anlass und was Folge ist, schon weil die eigene Stimmung und äußere Ereignisse einander so verdächtig entsprechen. Missmut und Missgeschick scheinen sich ja geradezu magisch anzuziehen, was wir mit Bemerkungen quittieren wie »Ausgerechnet jetzt …« oder »Das hat mir gerade noch gefehlt« oder »Das musste ja so kommen«.

Die vermeintliche Grundlosigkeit, die Vielfalt, um nicht zu

sagen Beliebigkeit, mit der wir diesen oder jenen Auslöser für unsere schlechte Laune verantwortlich machen, weist in eine andere Richtung: »Kein Zweifel, dass die innere Abstimmung eines lebenden Organismus auch von inneren Faktoren abhängt«, formuliert Hoimar von Ditfurth einen Verdacht und sammelt belastendes Material. »Die unbefangene Selbstbeobachtung lehrt uns, dass wir nicht nur als Folge von Erlebnissen, aus psychologischer Ursache verstimmt sein können, sondern ebenso auch, ohne dass sich ein Grund finden ließe. Natürlich gibt es auch in diesen Fällen einen Grund. Aber er lässt sich nicht finden, nicht im bewussten Selbsterleben jedenfalls.«

Das Gefühl gedrückter Lustlosigkeit, in das wir nach einer schweren Enttäuschung verfallen können, unterscheide sich für uns in nichts von dem Gefühl, das wir als Folge einer körperlichen Unpässlichkeit erleben können, die sich durch kein anderes Anzeichen verrate, erklärt Ditfurth. Ganz ähnlich gehe mit einer aus dem endogenen Untergrund aufsteigenden Stimmung eine gewisse Ratlosigkeit einher: Man sucht dann nach dem Anlass für diese unerklärliche schlechte Laune und glaubt, ihn vergessen zu haben, weil er sich nicht finden lässt. »In Wahrheit gibt es ihn nicht«, sagt Ditfurth, »jedenfalls nicht in der psychischen Dimension.« Die Seele wird freigesprochen – vorerst und auf Bewährung.

»Das vorübergehende Erleben von Niedergeschlagenheit oder auch unerklärlicher Beschwingtheit hat seine Entsprechung im biologischen Fundament.« Im Falle grundlosen Glücksgefühls handle es sich um eine besonders gelungene harmonische Abstimmung aller vegetativen Einzelfunktionen des eigenen Körpers. Im anderen Fall um das Gegenteil: Dissonanz, Diskrepanz, Dissens. So sind wir folglich ständig auf irgendeine Weise gestimmt, auch wenn die Vorzeichen und Intensitäten wechseln. Aber solange wir leben, bewegen wir uns hin und her zwischen den Polen »gedrückter, besorgter, selbstunsicherer Zaghaftigkeit und optimistischer, hoffnungsvoller, zu Aktivität drängender Unternehmungslust«. Oder sollte man sagen, wir werden zwischen diesen Polen hin und her bewegt, fragt Ditfurth. »Denn es geschieht ohne unser Zutun.«

Botschaften aus dem Zwischenhirn

Müdigkeit und Erschöpfung, aber auch Unternehmungslust und vermehrter Antrieb gehören zwar zu den psychischen Phänomenen, sind letztlich aber Folgen energetischer Unausweichlichkeiten. Der Hunger des Bauches genauso wie der des Herzens richtet unsere Aufmerksamkeit und Aktivität auf ganz bestimmte Eigenschaften und Möglichkeiten, die uns die Umwelt in Gestalt geeigneter Objekte bietet. Hunger führt, ob wir es bewusst registrieren oder nicht, dazu, dass wir unsere Umgebung auf essbare Objekte hin untersuchen – wie jeder bestätigen kann, der einmal Diät gehalten hat und dann plötzlich bemerkt, wie viele Cafés, Restaurants und Konditoreien auf dem Weg zum Büro liegen. Sexuelle Gestimmtheit lässt wiederum andere, aber nicht weniger spezifische Umweltsignale auf der Blaupause unseres Bewusstseins hervortreten. Angst und Unlust lassen uns die Wirklichkeit unserer Welt anders sehen als eine freudige Stimmung.

Die Ursache dafür liegt zwar in der materiellen Dimension. Damit ist der Fall aber noch lange nicht aufgeklärt. Die Feststellung der Ursache der jeweiligen Stimmung bringt uns nicht viel weiter – genauso wenig wie die Erkenntnis des Kommissars, dass die Todesursache ein Messer zwischen den Rippen war, die ganze Tat erklärt. Der Ermittler sucht die Motivlage zu erkunden, um den Sachverhalt zu klären: Warum bringen uns bestimmte vegetative Konstellationen in Stimmung und andere nicht?

Stoffwechselsituationen sind Mittel zum Zweck: Was wir in diesen Fällen erleben, sind Folgen unseres Eingebundenseins in »jenes vom Zwischenhirn hergestellte Netz, das uns vermittels der Wechselwirkung von äußeren Signalen und angeborenen Programmen, von inneren Bereitschaften und spezifischen Auslösern unaufhebbar mit unserer Umwelt verbindet«. Jeder lebendige Organismus, von der Qualle im Meer bis zum modernen Menschen im Büro, bildet auf der vegetativen Ebene eine Funktionseinheit mit seiner biologischen Umwelt. Hoimar von Ditfurth beschreibt das Netz vegetativer Beziehungen, dessen Fäden, Knoten und Verknüpfungsmuster sich objektiv bestimmen lassen, beispielsweise in Herzfrequenz, Hormonspiegel und Hautwiderstand. Wir sprechen dann von bestimmten Gefühlen, Antrieben oder Stimmungen, die wir hätten, in denen wir uns befänden, die uns überkommen hätten, und beschreiben damit nicht die Sache an sich, sondern ein Echo: »... den Widerschein der Aktivitäten unseres Zwischenhirns in unserem zu bewusstem Erleben, auch Selbsterleben befähigten Großhirn«. Das erklärt jedenfalls die allseits geläufige Besonderheit, die für unsere Gefühle und Stimmungen charakteristisch ist: Wir können nicht vergnügt, müde oder hungrig werden, wann wir wollen. Es liegt nicht in unserem Belieben. Gefühle und Antriebe kommen und gehen ohne unser Zutun, weil sie »nur das von unserem Bewusstsein registrierte Agieren untergeordneter Zentren sind«. Wir können höchstens Menschen und Situationen aus dem Weg gehen, von denen wir wissen, dass sie unerwünschte Stimmungen oder Gefühle bei uns auszulösen pflegen, und umgekehrt suchen, was uns gute Laune und positive Gefühle beschert.

Aber das ist noch längst nicht alles. Unsere Stimmungen und Gefühle kommen aus den geschilderten Gründen nicht nur ohne unser Zutun, sie beeinflussen auch unser Tun und Denken. Wir sind ihnen ausgesetzt: Freude kann uns mitreißen, Angst kann uns überfallen. Zorn lässt uns erblinden, ebenso wie jedes andere Gefühl, das stark genug ist, uns zu überwältigen.

Gefühle und Stimmungen sind ein Echo der in unserem Zwischenhirn jeweils aktiv werdenden angeborenen Programme, auch wenn wir als Besitzer eines Großhirns nicht umhin können, die Auswirkungen dieses Verhaltensrepertoires zu erleben, die sich an uns abspielen. Gleichzeitig bleibt das Geschehen unserem willentlichen Zugriff weitgehend entzogen, weil es sich im Zwischenhirn abspielt, dem limbischen System. Diesen Gehirnbereich teilen wir in fast gleichen Strukturen mit allen Säugetieren und in sehr ähnlicher Ausstattung sogar mit Reptilien. Nicht die Großhirnrinde, auf die wir so stolz sind, sondern das entwicklungsgeschichtlich weitaus ältere Reptilienhirn ist das Machtzentrum im Kopf. Es lenkt unser Verhalten, ohne dass wir uns dessen bewusst werden, über Gefühle und Stimmungen. Doch keine Abteilung im Brain-Trust führt ein Eigenleben. Man stimmt sich ab, wie in jedem anderen Großunternehmen auch.

Thalamus und Hypothalamus sitzen im Zwischenhirn am längeren Hebel; im Thalamus laufen die Informationen zusammen, die die unterschiedlichen Sinnesorgane anliefern. Sie werden bearbeitet und zur Weiterverarbeitung, Integration und Interpretation an höhere Gehirnetagen weitergeleitet. Der Hypothalamus regelt das innere physiologische Gleichgewicht: Hier werden Hormone gezimmert, die erregen oder dämpfen. Von hier aus wird die Körpertemperatur geregelt, die Sexualität getunt, werden Hunger und Durst gesteuert, Schlaf, Tag- und Nachtrhythmus sowie andere lebenswichtige Funktionen getaktet. Das Unternehmensprofil aus dem Dachstübchen besticht mit effizienten Abteilungen und leistungsfähigen, hochmotivierten Mitarbeitern. Die Erfolgsstory begann vor etwa sieben Millionen Jahren, als sich unsere Vorfahren endgültig von denen der heutigen Schimpansen trennten.

Doch die kognitive Entwicklung des Menschen setzt die alten Verhaltensprogramme nicht außer Kraft. Genauso wenig wie wir die Schwerkraft wahrnehmen, weil sie ein gewohnter Teil unseres Lebens ist, bemerken wir diese genetisch tief in uns verwurzelten und meist unbewusst steuernden biologischen Imperative. Sogar unser heutiges Gehirn ist letztlich noch auf Steinzeitniveau. Der extrem langsamen Genomveränderung haben wir es zu danken, dass wir immer noch dieselbe Gen- und Gehirnstruktur haben wie Attila, Nero, Sokrates und Cäsar.

»Es ist kein Problem, den Sohn eines Neuguinea-Kannibalen von heute zum Kapitän eines Jumbojets auszubilden«, schreibt Hans-Georg Häusel in seinem Buch ›Think Limbic!‹, »seine Gehirnstrukturen sind mit unseren genetisch identisch.« Genauso schnell werden wir als selbst ernannte kultivierte Menschen aber auch wieder zu Wilden – wie Kriege und Katastrophen auf dem ganzen Globus belegen. Archaische Wirklichkeit und bewusstes Erleben durchdringen einander, so dass die Welt, die wir erleben, in Wirklichkeit ein Zwittergebilde ist.

Die biologische Unentbehrlichkeit des Zwischenhirns, die Notwendigkeit seines permanenten Funktionierens bringt es unter solchen Umständen mit sich, dass wir permanent in irgendeiner Weise gestimmt sind. Dabei breitet sich zwischen wohl und unwohl ein ganzes Universum feiner Nuancen aus, die sich nach Stärke, Dauer, Mischung ihrer einzelnen Aspekte unterscheiden. Doch »gänzlich frei von irgendeiner Stimmung ist ein geistesgesunder Mensch in keinem Augenblick seines Lebens«, stellt Hoimar von Ditfurth fest. Gefühle und Stimmungen sind, anders ausgedrückt, nichts anderes als die Art und Weise, in der wir unsere Instinkte erleben; sie bilden den archaischen Bestandteil unseres Welterlebens.

Stimmung ist Übereinstimmung: Zu jeder Zeit entsprechen der Charakter der Welt und unsere eigene Gestimmtheit einander. Niemals kommt es zum Widerspruch.

Ein und dieselbe Speise erscheint uns je nachdem, in welcher Verfassung wir uns befinden, als verlockend oder uninteressant oder wenn wir pappsatt sind, sogar als abstoßend. Und schon erweist sich die bloße Frage nach der eigentlichen, wahren Natur unserer Welt als unbeantwortbar, weil wir zugeben müssen, dass diese Welt sich uns mal so und mal so präsentiert: in der Dunkelheit einer schlaflosen Nacht unüberbietbar anders als an einem ausgeruht erlebten Sommertag, satt anders als hungrig, frisch verliebt ganz anders als total frustriert. Ja, es ist geradezu unmöglich, eine klare Erkenntnis über den objektiven Zustand der Welt zu fassen, der beiden Eindrücken gleichermaßen gerecht wird und über den Augenblick hinaus Bestand hat.

Dass uns offenbar nicht gegeben ist, die Welt ungestimmt zu erkennen, wie sie ist, offenbart eine nicht zu übersehende Unfertigkeit unserer biologischen Konstitution. Doch Hoimar von Ditfurth hält diesen Eindruck des Mangels für die Folge eines falsch gewählten Standpunktes: »Wo wären denn, so möchte ich einmal fragen, die Künste, die darstellenden vor allem, aber auch die Dichtkunst, wenn unsere Welt wirklich so objektiv wäre, wenn sie wirklich so absolut und mit so eindeutigem Sinn feststände, wie wir es immer voraussetzen? Wo bliebe denn der Raum für diesen menschlichsten aller Bereiche, wenn nicht ganz im Gegenteil die Möglichkeit, ja die Notwendigkeit gegeben wäre, die Wirklichkeit unserer Welt immer aufs Neue zu deuten und auszulegen?«

Der Spielraum, den unsere Gestimmtheiten uns eröffnen, würde auf ein Nichts zusammenschrumpfen in einer Welt, die in Wahrheit objektiv wäre. Die uns wirklich absolut, losgelöst von unserer eigenen Verfassung, in selbstständiger Eindeutigkeit gegenüberstände. Gefühle und Stimmungen verbinden uns mit der Welt um uns herum. Sie leisten uns dieselben Dienste wie den Tieren die Instinkte. Allerdings werden wir nicht ausschließlich von ihnen beherrscht. Aber in Widerspruch zur Welt kann uns nur das Großhirn bringen. In unseren Stimmungen ist die unserem Verstand so selbstverständlich erscheinende Trennung von erlebendem Subjekt und objektiver Welt noch nicht vollzogen. Auf der Stufe des Zwischenhirns ist die urtümliche Einheit beider noch nicht wirklich aufgehoben. Wie eine pulsierende Nabelschnur verbindet unsere Stimmung uns mit der Welt.

Gemütsbewegungen, Stimmungsumschwünge und alle erdenklichen Spielarten gemischter Gefühle verstellen uns aber nicht den vermeintlich objektiven Blick auf die Dinge, sondern im Gegenteil: Sie bilden in ihrer Gesamtheit ein Wahrnehmungsorgan. Der Eindruck, den uns die Stimmungen von der Welt vermitteln, spiegelt das harmonische Einvernehmen zwischen innerer Bereitschaft und dem Anblick, den die Welt uns bietet: Geht es uns miserabel, ist er es auch. Je schlechter unser Befinden, desto weniger attraktiv präsentiert sich die Umwelt. Wenn wir satt sind, verliert der dampfende Teller seine Verlockung, genauso verliert im Zustand der miesen Stimmung die Welt alle Eigenschaften, die sie für uns anziehend machen könnte. Welche Ursachen unser Missbefinden hat, ist gleichgültig, sagt Hoimar von Ditfurth: »Vergessen wir nicht, dass wir auch dann, wenn es sich nicht um eine greifbare körperliche Unpässlichkeit handelt, sondern lediglich um ein medizinisch nicht fassbares Stimmungstief, als Ursache eine Störung der vegetativen Harmonie, der Abstimmung unserer vegetativen Körperfunktionen anzunehmen haben.« Glücklicherweise ist die miese Stimmung biologisch abbaubar.

Stimmungen und Schwingungen

Kurz zurück zum Zuckerglück, das sich einstellt, wenn wir Schokolade essen: Wenn die Konzentration eines bestimmten Stoffes im Blut von dem Wert abweicht, der das biologische Optimum darstellt, löst diese Abweichung eine Gegenregulation aus, die den ursprünglich angestrebten Zustand wiederherstellt. Das Prinzip der Rückkopplung gibt den Takt für alle vegetativen Systeme vor: Wenn die Körpertemperatur sinkt, wird über die vielfältigen Verbindungen, in die Schilddrüse und Muskulatur einbezogen sind, die Wärmeproduktion gesteigert. Ein Absinken des Zuckergehaltes im Blut bewirkt eine Herabsetzung der Auslöseschwellen für jene Programme, die im Dienst des

Nahrungserwerbs stehen. Schon kramen wir hektisch nach dem Geldbeutel, um am Kiosk einen Schokoriegel zu erstehen, oder stürzen uns gierig auf den verlockend dampfenden Teller Spaghetti vor uns. Das Spektrum möglicher Verhaltensweisen, das dieses Programm auslöst, ist riesig. Aber passieren, so viel steht fest, muss etwas, und zwar sofort: Wir essen, der Blutzuckerspiegel steigt.

Doch auf diesem Rückweg zur biologisch erstrebenswerten Zuckerkonzentration im Blut funktioniert das Steuerungssystem träge: Der Anstieg kommt nicht zum Stillstand, wenn der Sollwert erreicht ist. So schnell lassen sich die arbeitenden Hormonkolonnen nicht stoppen. Und deshalb setzt das Hungergefühl nicht aus – wir sehen uns folglich außerstande, das letzte Stückchen Schokolade für später aufzuheben. Also schießt das ganze System übers Ziel hinaus, bis abermals eine Gegenregulation in Gang kommt und das Spiel von vorne beginnt. Alle durch Rückkopplung kontrollierten Größen schwingen um den angestrebten Wert. Auch wenn die Schwankungen so gering sind, dass sie nicht bis in unser Bewusstsein vordringen, sind sie da: Der Blutzuckerspiegel hebt und senkt sich wie im langsamen Rhythmus von Ebbe und Flut – wie alle anderen Vorgänge in unserem Körper auch.

Das Prinzip der Schwingung durch rückkoppelnde Regelung ist steinalt; es hat der ersten teilungsfähigen Zelle die Verselbstständigung erlaubt und ist auch der Grund dafür, dass wir kaum einen physiologischen Prozess kennen, der nicht in Form einer Schwingung mit meistens charakteristischer Frequenz verläuft.

Swing-time herrscht von Kopf bis Fuß: Die Impulse der Nervenzellen im Gehirn, Wachen und Schlafen, Puls, Atmung, periodische Schwankungen des Blutdrucks, der Durchblutung, der Muskelspannung – alles an uns ist in Bewegung, und zwar je nach seinem eigenen Rhythmus. Diese regeltechnische Besonderheit der vegetativen Basis, mit der die Crew im Maschinenraum arbeitet, schlägt bis auf die Kommandobrücke unseres bewussten Welterlebens durch, doch keineswegs einheitlich: Die Stimmung ist kein automatisches Signal, das prinzipiell durch eine simple Feedback-Schleife registriert werden könnte, sondern »ein integrierter kognitiv-motivationaler Zustand mit intrinsischer zeitlicher Struktur«, versucht der Emotionsforscher Parkinson eine exakte Definition auf dem Boden der Einsicht, dass viele verschiedene physiologische Systeme am psychischen Gleichgewicht mitarbeiten.

Die Stimmung ist mehr als der aktuelle Saldo der Säfte, Stoffe und Substanzen. Das ständige, psychologisch nicht begründete Auf und Ab unserer normalen täglichen Stimmungsschwankungen folgt dem Wechselspiel zwischen Soll- und Ist-Werten, den harmonisch aufeinander abgestimmten periodischen Funktionen. Wir sind, wie alle anderen Lebewesen auch, ein schwingungsfähiges System. Wie eine Glocke ist unser Organismus fähig zu antworten, sich durch ganz bestimmte Frequenzen von außen zum Mitschwingen anregen zu lassen. Aber anders als eine Glocke ist ein lebendiger Organismus auch imstande, aus sich selbst heraus Impulse aufzunehmen und zu schwingen. Der Jetlag und jede durchtanzte Nacht machen uns schmerzlich bewusst, dass wir von Natur aus in der Zeit schwingen: Wenn wir unsere innere Uhr missachten, werden wir müde, gereizt und schlecht gelaunt.

Im Bereich der Stimmungsumschwünge skizziert Brian Parkinson aus eigenen Untersuchungen ein breites Mittelfeld. Normalerweise erleben wir sehr schlechte Stimmungen am Morgen, ein Stimmungshoch dagegen eher in den Abendstunden, aber auch das Umgekehrte kommt vor. Positive Affekte spielen sich vorzugsweise zwischen zehn und zwölf Uhr vormittags ab, sie sind höher als beim Aufstehen oder Zubettgehen. Jüngere Erwachsene seien abends, ältere morgens besser gelaunt. Generell ist miese Laune am besten im Bett aufgehoben: Wer früher schlafen gehe, habe am nächsten Tag bessere Laune.

Stimmungsschwankungen künden von Gesundheit; sie signalisieren Therapeuten und Psychiatern, dass eine Depression behandelbar ist. Wenn die Schwingungsfähigkeit der Stimmungen erstarrt, ist die Seele krank. Weder der Manische noch der Depressive hat eine Wahl. Rastet die Stimmung am unteren depressiven Pol ein, so ergibt sich daraus das Krankheitsbild einer endogenen Depression.

Über die Allgegenwart der Schwermut, ihre Ursachen und Symptome sowie die Kunst, es mit ihr auszuhalten, schreibt der Oxforder Gelehrte Robert Burton in seiner 1621 erschienenen ›Anatomie der Melancholie‹, dass sie als Naturell oder Stimmung auftrete: Als Stimmung bezeichne sie »jene vorübergehende Niedergeschlagenheit, die noch die unbedeutendsten Anlässe von Kummer, Mangel, Krankheit, Ärger, Furcht, Trauer, geistiger Unruhe, Missmut und Sorge begleitet. Sie kommt und geht, löst Bedrückung, Stumpfheit, Verdruss aus, macht das Herz schwer, ist folglich dem Vergnügen, Frohsinn, der Freude und dem Genuss in jeder Weise entgegengesetzt und erzeugt in uns Widerspenstigkeit und Abneigung.« Frei von diesen melancholischen Anwandlungen sei keine lebende Seele: »Sogar die Götter waren dieser Gefühlsaufwallung häufig ausgesetzt, wie die griechischen Dichter ihnen nachsagen.«

»Am Himmel geht es zu wie in unserem Leben; manchmal ist schönes Wetter, manchmal ist es bedeckt, manchmal stürmisch, manchmal heiter. Lust und Schmerz lösen sich wechselseitig ab. Dass sogar in unserer Ausgelassenheit und Schwelgerei der Kummer und die Enttäuschung nisten, habe, so Burton, auch der Kirchenvater Augustinus für unausweichlich befunden: »Für ein Pfund Honig handelt man sich die zehnfache Menge Galle ein, für ein Gläschen Vergnügen einen Krug Leids, für einen Fingerbreit Freude eine Elle Jammers.« Die Grundstruktur der Wirklichkeit fesselt Lust und Schmerz wechselseitig aneinander, sie lösen sich wie im Kreis ab. »Wie Efeu eine Eiche umschlingt, so ist unser Dasein von Elend umgeben, und ein Sterblicher macht sich lächerlich, wenn er seinem Leben die Grundtönung beständigen Glücks verleihen will.«

Doch weil es vielen Menschen an Langmut und Hochherzigkeit fehlt, »dem Unvermeidlichen die Stirn zu bieten und mit Paulus wie ein guter Soldat Christi die Heimsuchungen standhaft zu ertragen«, geschieht es dann doch, »dass die Anwandlungen und Stimmungen sich zu habitueller Schwermut verfestigen.« Das passiert dem, der sich verdrießen lässt: »Im Handumdrehen und wie durch eine geöffnete Tür überfallen ihn alle möglichen anderen quälenden Gedanken, und wie ein hinkender Hund oder eine flügellahme Gans siecht er dahin und fällt schließlich der habituellen Schwermut und krankhaften Melancholie zum Opfer.« Von der Stimmung zum Naturell wandelt sich die Schwermut, wenn der vorübergehend missgelaunte Mensch seinen Gefühlen so weit nachgibt, »dass sich sein Aussehen verändert, seine Verdauung gestört wird, er keinen Schlaf mehr findet, seine Lebensgeister schwinden, das Herz schwer und der Leib hart wird. Er laboriert an Blähungen und verdorbenem Magen, und Melancholie überwältigt ihn.«

Echte Melancholie ist ein chronisches Leiden, das keinen Schwankungen mehr unterliegt. Weil es sich so allmählich aus bloßen Stimmungen entwickelt »und auf angenehme oder unangenehme Weise zur Gewohnheit verfestigt hat, wird man es kaum wieder los«. Alle temporären Anwandlungen dagegen, gleich ob »das jeweilige Opfer sie als unangenehm und bedrückend empfindet, heißen wir im uneigentlichen Sinn melancholisch, weil sie nicht andauern, sondern mit ihren Auslösern kommen und gehen«.

Verändert sich die Stimmungslage periodisch, bleibt alles im Lot, ein dynamisches Gleichgewicht stellt sich ein. Das sorgt dafür, dass uns nichts Wesentliches entgeht. Stimmungen lassen uns immer wieder neue Eigenschaften der Welt erkennen, die für unser Weiterleben von Bedeutung sind – ein Anpassungsvorteil von evolutionären Ausmaßen: Die Welt ist für uns nicht das Objekt unserer Erkenntnis, sondern der Ort, an dem wir überleben müssen. Deshalb rangiert die Beschaffenheit der Welt für uns auch nicht zwischen den Polen wahr oder falsch, sondern siedelt sich zwischen den Kategorien lebensfreundlich oder lebensfeindlich an. Unser Wahrnehmungsorgan Stimmung lässt uns genau das erkennen, indem wir unter ihrem ständigen Einfluss die Welt erleben und sortieren: angenehm oder unangenehm, anziehend oder abstoßend, wohltuend oder schädlich.

Getragen vom ständigen Auf und Ab unserer Stimmung durchmustern wir die Welt unablässig auf ihre Chancen und Gefahren hin. »Unser Gemüt ist einem Scheinwerferstrahl vergleichbar, der das Spektrum der Bedeutungen, die die Welt für uns bereithält, ununterbrochen abtastet und in unser Blickfeld rückt«, beschreibt Hoimar von Ditfurth, wie die Stimmungen unsere Beziehung zur Welt regeln. »Gehobene Stimmungen weisen uns auf noch ungenützte Chancen hin und ermuntern uns dazu, neue Möglichkeiten zu versuchen. Aber auch die normalen Tiefpunkte, die Depressionen unseres Alltags, haben ihre Funktion: Sie veranlassen uns, das Erreichte selbstkritisch zu überprüfen und vor denkbaren Risiken abzusichern.«

Hormonelle Schwankungen, die Männer- und Frauenseelen gleichermaßen beuteln, sind nicht die Ursache der düsteren Stimmung, sondern erscheinen auf diesem Hintergrund als Mittel zum Zweck. So viel Trauerarbeit muss sein: Bei ›Men's Health‹ hat man den Sachverhalt auch erkannt und rät bei anhaltend schlechter Laune neben dem Verzehr von Bananen, Nüsssen und Quark zum sinnenden Blick nach innen: »Die Situation analysieren, in Ruhe darüber nachdenken, warum es einem gerade so schlecht geht, ist der erste Schritt zurück auf die angenehme Seite des Lebens.«

Von den Segnungen der schlechten Laune in der Lebensmitte

Niedergeschlagen, reizbar, nervös, den Tränen nahe – das sind nicht nur die typischen zyklusabhängigen Stimmungen von Frauen, sondern auch die untrüglichen Zeichen der Menopause, die für die Männer bisher als Midlife-Crisis firmierte. Die sprichwörtliche Krise der Lebensmitte drosselt das Energieniveau und stellt das prüfende Nachdenken über das bislang Erreichte zur Aufgabe. Die »Twilight-Zone der mittleren Jahre«, wie die Wissenschaftsjournalistin Ursula Nuber in der Zeitschrift ›Psychologie Heute‹ das Phänomen benennt, gibt Gelegenheit zur Gesamtrevision, die erst erlaubt, die Pläne und Ziele der zweiten Hälfte genauer zu fassen.

Illusionslos fasste auch C.G. Jung die Herausforderung, die sich in den mittleren Jahren abzeichnet: »Wir können den Nachmittag des Lebens nicht nach demselben Programm leben wie den Morgen.« Dazu braucht es zweifellos Ruhe von außen. Der Rückzug nach innen mag hormonell bedingt sein, hat aber vielleicht zu dieser Zeit durchaus seinen praktischen Nutzwert. Den Sinn der ersten Lebenshälfte sieht C. G. Jung als den »Naturzweck« – es geht um den Aufbau einer beruflichen und familiären Basis. In der zweiten Hälfte kommt der »Kulturzweck«. Die Aufgabe: »Künftig das Leben nicht so sehr in den Außenbezirken der Seele, sondern primär in deren Innenbezirken zu suchen, kurzum, sich mehr vom Außen abzuwenden und dafür mehr dem Innen zuzuwenden.«

Entwicklungspsychologische Studien hätten seither vielfach bestätigt, dass die Herausforderungen der Lebensmitte dann am besten gemeistert würden, wenn ein Prozess der Interiorisierung stattfinde und man sich den spezifischen Aufgaben dieser Lebensphase stelle, schreibt Ursula Nuber. Ein sinkender Testosteronspiegel kann da nur hilfreich sein, auch wenn er für ein vorübergehendes Stimmungstief sorgt – wird doch genau dieses Hormon für männliches Konkurrenzgebaren, Ehrgeiz und Dominanzstreben verantwortlich gemacht.

Dass auch die Männerseele von hormonellen Schwankungen gebeutelt wird, hat der schottische Mediziner Gerald Lincoln beobachtet. Sinkt der Testosteronspiegel bei Männern plötzlich stark ab, verdüstert sich ihre Stimmung. Der Hormon-Blues ereilt auch jüngere Männer in Lebenssituationen, die mit starken Belastungen einhergehen. Bei Scheidung, lebensbedrohlichen Krankheiten oder nach dem Tod nahe stehender Menschen steigt der Pegel des Stresshormons Cortisol steil an, gleichzeitig sinkt der Spiegel des Sexualhormons Testosteron. Die Betroffenen verhalten sich gefühlsbetonter und reagieren empfindlicher; sie lachen und weinen schneller und ziehen sich zurück. Die Stimmung ist deutlich schlechter geworden. Diese Symptome seien normalerweise für die männliche Menopause charakteristisch, sagt Gerald Lincoln: Um den fünfzigsten Geburtstag herum sinkt der Testosteronspiegel kontinuierlich ab. Sonst energische, tatkräftige und gut gelaunte Männer zeigen dann ungewohnte Verhaltensweisen wie Antriebsschwäche, Müdigkeit und Depressionen.

Ein hormonbedingtes seelisches Tief, gekoppelt an einen sich verändernden Hell-dunkel-Rhythmus erleben sogar männliche Tiere: Lichtmangeldepressionen plagen auch den Widder im Winter; zudem sinkt sein Testosteronspiegel gegen Ende der Fortpflanzungssaison stark ab. Die sonst so angriffslustigen Böcke verwandeln sich dann in empfindliche, reizbare und nervöse Herdengenossen, die völlig grundlos auskeilen. Auch bei

Menschenaffen beeinflusst der Hormonpegel die Stimmung. Sinkende Testosteronausschüttung macht aus dem Respekt gebietenden Brustkorbtrommler ein mürrisches Seelchen, das sich von den anderen zurückzieht. Die Tiere sind, so scheint es, einfach nicht in Stimmung.

8. KAPITEL:

Haben eigentlich auch Tiere schlechte Laune?

Und ob! Man kann förmlich hören, wie unzählige Hundehalter, Katzenliebhaber oder Pferdefreunde eifrig und im Chor bekräftigen, dass jeder Einzelne der ihnen anvertrauten Lieblinge ganz gewaltige Eigenheiten an den Tag zu legen vermag, Schrullen und Wunderlichkeiten, die genau dieses Tier ausweisen als Individuum, ausgestattet mit einer unverwechselbaren Persönlichkeit. »Jeder Hund ist anders. Der eine hat immer schlechte Laune, der andere ist fröhlich, einer spielt immerzu, einer mault«, so beschreibt Nicolas Vanier in seinem Abenteuerbericht ›Die weiße Odyssee‹ seine zehn Schlittenhunde und seine eigene Rolle im Rudel dazu: »Und ich versuche die ganze Zeit, das Hundeteam auf Kurs zu bringen.«

Die Geschichten von schmollenden Dackeln, von Reitpferden, die ihre Mucken haben, von zutiefst beleidigten Katzen oder sehr zurückgezogen lebenden, mürrischen Wellensittichen, seit ihnen der Partner weggestorben ist, künden von einem innigen, vertrauten Verhältnis zwischen Geschöpf und Mitgeschöpf, in dem Stimmungen offenbar signalisiert und verstanden werden. Aber nicht nur die bepelzten und gefiederten Gefährten aus dem Tierreich befallen miese Stimmungen, sondern auch gepanzerte Lebewesen tun ihre Laune kund. In der Miesmuschel ein schlecht gelauntes Schalentier zu vermuten würde allerdings tatsächlich zu weit führen. Aber von der Großkopfschildkröte beispielsweise berichtet ein gängiges Tierlexikon, dass sie sehr schnell gereizt sei und wütend mit weit geöffnetem Maul nach dem Gegner stoße. Dazu blinzle sie unaufhörlich mit der weißen Nickhaut ihrer Augen. Muss man in diesem Verhalten nun unbedingt eine schlecht gelaunte Schildkröte erkennen? Das Tier selbst bleibt uns aus nahe liegenden Gründen jede Erklärung schuldig.

Leider gibt es keinen typisch tierischen Gesichtsausdruck für schlechte Laune, was aber nicht heißt, dass wir nicht erkennen können, wenn solche Empfindungen auftreten, sondern nur, dass es keinen unmittelbaren physiognomischen oder stimmlichen Ausdruck gibt, der die Empfindung einer miesen Stimmung auszudrücken vermag. Da geht es Schildkröten nicht anders als Menschen: »Ein Mensch kann sein Herz mit Hass oder dem schwärzesten Verdachte erfüllt haben oder von Neid oder Eifersucht zernagt sein: Da aber diese Gefühle nicht sofort zu Handlungen führen und sie gewöhnlich eine Zeit lang anhalten, so werden sie auch durch kein äußerliches Zeichen sichtbar, ausgenommen dass ein Mensch in diesem Zustand sicherlich nicht gemütlich und gut gelaunt erscheint. Wenn diese Gefühle in äußerliche Handlungen umschlagen, so nimmt Wut ihre Stelle ein und wird deutlich gezeigt«, bemerkt Charles Darwin in seinem 1872 erschienenen Werk ›Der Ausdruck der Gemütsbewegungen bei den Menschen und den Tieren‹. Erkennbar sind bei Tieren also nur Stimmungen, weil sie zu bestimmtem Verhalten führen. Das ist die Botschaft des gesträubten Fells, der angelegten Ohren und der entblößten Eckzähne, aber auch des erwartungsvollen Schwanzwedelns, des freudigen Schnaubens oder des behaglichen Schnurrens.

Aber der große Naturforscher Charles Darwin ging noch einen Schritt weiter. Er beobachtete die Ausdrucksformen der Gemütsbewegungen bei Tieren und Menschen und gelangte zu dem Ergebnis, dass unsere Gefühlsäußerungen universal, angeboren und nicht erworben sind und außerdem das Ergebnis unserer Evolution darstellen – mithin Bestandteil unserer Biologie sind. Und diese biologische Hardware teilen wir, wenn auch in unterschiedlichem Ausmaß, mit allem anderen, was auf der Erde kreucht und fleucht. Charles Darwin befand, dass weder unsere Mimik noch unsere Gesten uns allein zu eigen seien, sondern auch andere Lebewesen einige dieser Emotionen kennen und ausdrücken, sogar manche Ausdrucksweisen von Tieren unseren sehr ähneln.

So haben wir mit den Menschenaffen einige universelle Ausdrucksbewegungen gemeinsam: Sie und auch wir entblößen die Eckzähne in einer drohenden Gebärde oder als Ausdruck von Wut. Obwohl dieses Verhalten bei unseren Vorfahren gewissermaßen aus der Mode kam, als das Gebiss seine Funktion als echte Waffe in Gestalt eines räuberischen Werkzeugs einbüßte, fletschen wir immer noch unwillkürlich die Zähne, wenn wir in Wut geraten, mit der Absicht, einen Gegner einzuschüchtern. Die Wirksamkeit dieser sozialen Waffe kann man unproblematisch selbst erkunden, wenn man als Autofahrer einem anderen den Parkplatz wegschnappt. Dass Primaten in ähnlichen Konfliktlagen zur gleichen Mimik tendieren, unterstreicht die Verwandtschaft.

Darwins mürrischer Affe

Doch Darwin beschreibt nicht nur das Ausdrucksverhalten der Tiere, er schreibt über ihre Gefühlsbewegungen. So erkennt er im angehobenen Kopf und den weit geöffneten, starr blickenden Augen der Süßwasserschildkröte »den Ausdruck grenzenlosen Erstaunens« und erklärt, dass Katzen, aber auch »Hunde, die sich zuneigungsvoll fühlen, es gern haben, sich an ihrem Herrn zu reiben«. Mit einfühlsamen Worten schildert er das »Schnutengesicht« mürrischer, enttäuschter Schimpansen, deren Lippen »unter verschiedenen Umständen zuweilen in wunderbarem Grade vorgestreckt werden«. Das tun die Affen jedoch nicht bloß, »wenn sie leicht geärgert, mürrisch und enttäuscht sind, sondern auch, wenn sie sich über irgendetwas beunruhigen und gleichfalls, wenn sie vergnügt werden«. Er behauptet, dass Affen Vergnügen, Neid und Bosheit empfänden, und erklärt, dass die Erscheinung der Niedergeschlagenheit bei jungen Orang-Utans und Schimpansen, wenn sie krank seien, so deutlich und beinahe so ergreifend sei wie bei Menschenkindern. »Dieser Zustand des Geistes und des Körpers zeigt sich in den verdrossenen Bewegungen, dem niedergeschlagenen Ausdrucke, den matten Augen und der veränderten Gesichtsfarbe.«

Charles Darwin war überzeugt davon, dass Gefühle und ihr Ausdruck kein ausschließliches Privileg der Menschen sind. Das brachte ihm die Kritik vieler Wissenschaftler ein, die ihm vorwarfen, den Tieren menschliche Gefühle und Gedanken zuzuschreiben. Der Einwand, Tiere zu vermenschlichen, indem man ihnen Gefühle und Stimmungsäußerungen zuschreibe, blickt auf eine lange Tradition zurück. Tierverhaltensforscher scheuten noch bis vor wenigen Jahren davor zurück, das Verhalten von Tieren zu beschreiben, indem sie auf Emotionen zurückgriffen. Denken, Fühlen und Planen haben sich erst neuerdings wieder den Ruf zurückerobern können, ordnungsgemäße wissenschaftliche Forschungsgegenstände zu sein. Die Untersuchung der Gefühlsbewegungen stellt heute einen der lebendigsten Forschungsbereiche in der Psychologie dar, betont Paul Ekman, führender kalifornischer Emotionspsychologe unserer Tage – er selbst hat vor kurzem eine kritische, kommentierte Edition von Darwins Werk veröffentlicht.

Was Tierfreunde ohne viel Aufhebens beschwören würden, ist unter Tierverhaltensforschern immer noch umstritten. An der Frage, ob man mimische, gestische oder lautliche Ausdrucksformen als Zeichen von Gemütsbewegungen in Verbindung mit inneren physiologischen Prozessen betrachten kann, scheiden sich die Geister. Manche meinen, diese Ausdrucksweisen seien einfach nur kommunikative Signale und beschränkten sich darauf zu beschreiben, was die Tiere tun. Andere sind zu dem Ergebnis gelangt, dass die empirische Beobachtung Darwin Recht gibt, wenn er in solchen Signalen Zeichen von Gemütsbewegungen und Stimmungen erkennt. »Eine falsche Gegenüberstellung«, meint Paul Ekman. »Wir müssen uns nicht zwischen dem Ausdruck als Teil einer Emotion oder als kommunikatives Signal entscheiden. In Wahrheit ist der Ausdruck beides.« Allerdings bleibe zu klären, wie viele Gefühlsregungen bestimmte Tiere erleben können und wie sich das Erleben, der Ausdruck und die Physiologie einer Emotion von einer Spezies zur anderen unterscheiden.

Wohlbehagen bekunden sämtliche Haustiere höchst verschieden: Katzen schnurren und reiben sich an uns, Hunde lecken uns ab, springen uns entgegen, wedeln mit dem Schwanz. Mit ihren Artgenossen reden Tiere über den Körper. Und mit uns auch – sicher sprechen wir nicht dieselbe Sprache, aber allein die Körperhaltung, der Tonfall der Stimme und die Mimik des einen geben beiderseits klare Hinweise darauf, was der andere wünscht. Kein Herrchen oder Frauchen muss zweimal raten, was der knurrende oder winselnde Hund möchte. Genauso weiß der Golden Retriever, der soeben das Mobiliar benagt, dem ärgerlichen Protest des Menschen zu entnehmen, dass er diese Verhaltensweise schleunigst abzulegen hat.

Die artübergreifende Verständigung klappt im Allgemeinen ganz gut, wenn man den Stand des Launenbarometers seines Haustiers richtig ablesen kann. Auf Kommunikation und eine gewisse Vertrautheit kommt es auch in dieser Beziehung an: Im Laufe der gemeinsam verbrachten Jahre lernen Mensch und Tier die Signale zu deuten. Wer weiß, wie und worauf ein Lebewesen reagiert, kann sich auf einer angemessenen Kommunikationsebene bewegen. Schon der Gesichtsausdruck und die Körperhaltung der Vierbeiner zeigen dem Zweibeiner unmissverständlich, ob das Tier beleidigt, unterwürfig, aggressiv, Liebkosungen erheischend, drohend, sexuell erregt, hungrig, zum Spielen auffordernd, schläfrig oder wie auch immer gestimmt ist.

Dass die Bewohner zweier Welten zueinander finden, liegt auch in ihrer Familiengeschichte begründet. Die Verwandtschaft der Arten wird heute von Biologen und nahezu allen Sozialwissenschaftlern als Tatsache akzeptiert. Zu Darwins Zeiten war die Behauptung, es gäbe zwischen Tier und Mensch eine Stufenfolge im Bereich geistiger Phänomene, ein Skandal. Nicht nur die breite Bevölkerung, sondern auch die Naturforscher hingen dem christlichen Glauben an die Schöpfung mit dem Menschen als Krone derselben an, und der Gedanke, dass ausschließlich die Evolution unseren Ursprung und Werdegang verantwortet, brachte Charles Darwin eine Menge Anfeindungen ein.

Inzwischen sind viele Erkenntnisse Darwins bestätigt. Wir haben den Makel der niederen Herkunft zu tragen gelernt und in ein mehr oder weniger ausgeprägtes Selbstbewusstsein verwandelt, Lebewesen unter anderen zu sein. Niemand bestreitet mehr ernsthaft, dass es eine gewisse Kontinuität der Artenentwicklung gibt und sich unser Ausdrucksverhalten mit dem der nicht-menschlichen Primaten gelegentlich in Einklang befindet. Die Frage, wie menschlich der Affe und wie affig der Mensch sei, wird heute eher nüchtern beantwortet. Aus dem Tier, dem einstigen Untertan, ist längst ein Mitgeschöpf geworden, auch die Frage nach dem Missing Link zwischen Menschenaffen und Menschen beantworten wir mittlerweile einsichtig: Das Missing Link sind wir selbst. Im Zuge dieser neuen Bescheidenheit hat das Bekenntnis, tierisch schlecht drauf zu sein, jede Anrüchigkeit eingebüßt.

Mehr als zwei Welten

Die Wirklichkeit eines Tieres nähert sich der von uns selbst erlebten Wirklichkeit umso mehr an, je enger es mit uns verwandt ist. Doch wirklich deckungsgleich sind diese verschiedenen Welten nie – ein Grund dafür, warum es leichter ist, mit einem Hund befreundet zu sein als mit einem Vogel, und sich zu einem

Meerschweinchen leichter eine Beziehung aufbauen lässt als zu einem Maikäfer.

Es bleibt eine kreative Lücke: Auch für einen Hund oder einen Menschenaffen liegen die meisten Eigenschaften der Welt, die wir wahrnehmen, außerhalb des eigenen Horizonts. Wenn die Instinkte den Tieren ähnlich nützliche Dienste leisten wie die Stimmungen uns, haben wir im weiten Feld der Launen etwas gemeinsam. Dass Stimmungen die Welt je verschieden auslegen und aus dem Überangebot Umwelt spezielle Signale aufgreifen und ins Bewusstsein funken, wo sie als gezielte Informationen aufgegriffen und weiterverarbeitet werden, um dann auf der Verhaltensebene wiederum bestimmte Aktionen auszulösen, beschreibt auch Hoimar von Ditfurth: »Je nach dem Wechselspiel ständig sich ändernder Schwellen oder Bereitschaften treten diese oder jene Eigenschaften der Umwelt als hervorgehobene Qualitäten und Anmutungen für unser Erleben mehr oder weniger aufdringlich hervor.« Und andere treten zurück. Was jedoch im Erlebnishorizont eines Huhns oder niederen Säugetieres wahrgenommen wird, muss letztlich offen bleiben. Verschieden von unserem ist es allemal.

Wie wenig die tierische Wirklichkeit dem ähnelt, was wir uns darunter vorstellen, verdeutlicht Hoimar von Ditfurth am Beispiel der so genannten Attrappenversuche in der Verhaltensforschung. »Ein Rotkehlchenhahn in Hochzeitsstimmung balzt ohne zu zögern ein an einem Blumendraht flüchtig befestigtes Büschel roter Federn an – und lässt den daneben sitzenden weiblichen Jungvogel, der noch kein rotes Brustgefieder hat, unbeachtet. Ein Stichlingsmännchen versucht in der gleichen Situation eine monströse Weibchen-Attrappe zum Ablaichplatz zu locken und ignoriert das für diesen Zweck einzig taugliche Original.« Uns mag die Attrappe im Vergleich mit dem Original so lächerlich erscheinen wie der reiche, braun gebrannte Macho im blitzenden Porsche, dessen Anblick einen Moment lang den eher unscheinbaren, gleichwohl treu ergebenen Gefährten auf dem Fahrrad neben uns merkwürdig blass aussehen lässt. Dem Rotkehlchenhahn wie dem Stichlingsmännchen in Hochzeitsstimmung jedoch erscheint die Attrappe anziehender als das Vorbild selbst, offenbar weil die gute Kopie das entscheidende Schlüsselsignal noch reiner und prägnanter aussendet als das Original.

Wie können wir wissen, was Tiere fühlen?

Beweisen im strengsten Sinn lässt sich das Seelenleben der Tiere freilich nicht – aber dasselbe kann man im Grunde auch vom Seelenleben unserer Mitmenschen behaupten. Tiere können uns nicht sagen, ob und was sie fühlen oder denken. Sie malen keine Bilder, komponieren keine schwermütige Musik, sehen nicht fern und kaufen keine Johanniskrautkapseln, um ihre Stimmung aufzuhellen. Aber sie teilen anderen Lebewesen ihr Befinden doch mit: Oder ist der Grund dafür, dass wir in dem Gorilla, der mit gesträubtem Fell in der Ecke seines Geheges hockt, in dem wedelnden Elefanten, der abseits der Herde den Kopf hin- und herwendet, oder in dem ärgerlich zuschnappenden Hund ein schlecht gelauntes Tier erkennen, dass wir selbst manchmal schlechte Laune haben? Die Betrachtung einer anderen Gattung gewährt auch einen Blick auf die eigene. Wenn man ein Tier anschaut, sieht man sich selbst. Wir stellen Verwandtschaften fest oder das Gegenteil davon, wir untersuchen, wie viel Nähe und Ferne vorhanden ist, wir suchen Unterschiede und Gemeinsamkeiten.

Doch weil wir als Gefühle, Stimmungen oder Antriebe erleben, was sich auf der Ebene des Zwischenhirns abspielt, können wir uns treffen: Denn das Zwischenhirn teilen wir mit nahezu allen Lebewesen. Und auch die Körper verraten ein weit verzweigtes verwandtschaftliches Netz zwischen Tieren und Menschen: Die Anatomie, die Physiologie und das Verhalten ähneln sich. Das macht es doch eigentlich extrem wahrscheinlich, dass Tiere ähnlich erleben wie Menschen.

»Es mag der Tag kommen«, beschreibt der englische Jurist und Philosoph Jeremy Bentham in seiner 1780 veröffentlichten ›Einführung in die Prinzipien von Moral und Gesetzgebung‹ seine frühe Vision des Tierschutzes, »da man erkennt, dass die Zahl der Beine, der Haarwuchs oder das Ende des os sacrum gleichermaßen unzureichende Gründe sind, einem fühlenden Wesen« vorzuenthalten, was man als Mensch für sich beanspruche. »Was ist es, das hier die unüberwindliche Grenzlinie ziehen sollte? Ist es die Fähigkeit zu denken oder vielleicht zu sprechen? Aber ein ausgewachsenes Pferd oder vielleicht ein Hund sind unvergleichlich vernünftigere Lebewesen als ein Kind, das erst einen Monat alt ist. Aber selbst vorausgesetzt, sie wären anders, was würde es nützen? Die Frage ist nicht: Können sie denken? Oder: Können sie sprechen?, sondern: Können Sie leiden?« – zum Beispiel unter schlechter Laune?

Die harmlose Frage führt in vermintes Gelände. Selbst Menschen, die den Tieren Gemütsbewegungen zuerkennen, fragen sich, ob Tiere diese auch empfinden. Paul Ekman fragt: »Gibt es – abgesehen von den Menschen – Wesen, die sich tatsächlich ihrer Gefühle bewusst sind? Können Tiere die Emotionen, die sie vielleicht empfinden, auch gedanklich erfassen oder vorwegnehmen? Ist für das Bewusstsein und die Reflexion emotionaler Empfindungen Sprache erforderlich?« Diese Fragen mögen abstrakt und akademisch klingen, sie sind es aber nicht. Vielmehr haben sie »unmittelbare Konsequenzen für eine der heftigsten moralischen Debatten in der heutigen Welt«.

Wenn wir zugestehen, dass Tiere bei der Trennung von ihren Jungen oder beim Tod ihres Lebensgefährten Verzweiflung, Schmerz und Trauer empfinden, dass sie Angst vor Verletzungen haben, dass sie als Außenseiter ihrer Gruppe tiefe Niedergeschlagenheit empfinden können und sich dieser Emotionen auch noch bewusst sind, geraten wir in argumentative Schwierigkeiten. Wie sollen wir dann Versuche an Tieren rechtfertigen, das gesammelte Elend von Legebatterien und fragwürdigen Schlachtverfahren geflissentlich übersehen und uns zu Unterhaltungszwecken an einen Ort begeben, den Freiherr von Knigge bezeichnete als »eine Menagerie, in welcher wilde Tiere mit großen Kosten in kleinen Verschlägen aufbewahrt werden«?

Ein Verwandtenbesuch

»Watt, woher die schlechte Laune kommt, erforschen Sie?« Dr. Reinhardt, im Berliner Zoo zuständig für Presseangelegenheiten, wundert sich zuerst ein bisschen. Dann lacht er kurz auf und fragt: »Und haben Sie schon was gefunden?« Bei den Menschen schon, sage ich, aber jetzt würde ich gerne wissen, ob auch Tiere schlechte Laune haben. »Na klar«, ist er überzeugt, »am ehesten kann man das bei den Menschenaffen sehen, die sind uns ja am nächsten. Gestik und Mimik und so weiter. Kommen Sie doch morgen vorbei und reden mit den Tierpflegern. Ja, morgen um halb elf, da passt es gut.« Vorsorglich kündigt er an: »Ich rufe dann gleich bei den Menschenaffen an, damit die sich schon mal drauf einstellen können.«

So machen wir´s. Am nächsten Morgen stehe ich um kurz vor halb elf im Foyer des Verwaltungsgebäudes und warte, dass einer der Pfleger der Menschenaffen mich abholt. Durch den Nieselregen stapft er kurz darauf heran, ich stelle mich und mein Anliegen vor. Ein Grinsen huscht über seine Züge: »Na, dann komm'se mal mit.« Unterwegs will er erst einmal genau wissen, was ich eigentlich will. Während ich ihm von den vielen guten Gründen für die schlechte Laune erzähle, murmelt er: »Klar, kennt doch jeder. Und bei dem Wetter«, sagt er und deutet vorwurfsvoll nach oben, »da kriegt doch jeder schlechte Laune.« Wie zur Bestätigung fällt sein Blick auf die Steinbockherde, die sich eng unter einem Felsvorsprung zusammendrängt.

Nur die Flamingos leuchten durchs graugrüne Einerlei dieses Vorfrühlingstages. Es herrscht gedrückte Stimmung im Zoo. Oder ist es einfach nur zu kalt für die Jahreszeit?

Vorbei an den verwaisten Kletterbäumen und Schaukeln der Außenanlagen, betreten wir das Affenhaus. Hier drinnen ist es wenigstens schön warm. »Affen erkälten sich leicht«, erfahre ich, »und wenn sie krank sind, sind sie auch gleich schlecht drauf.« Zwischen den Käfigen öffnet er die Tür »Nur für Mitarbeiter«. Und dann sind wir da, im Allerheiligsten, das gewöhnliche Zoobesucher nicht zu Gesicht bekommen, in der zartblau gekachelten Schaltzentrale des Affenhauses. Im Vorbeigehen fällt mein Blick auf eine Schiefertafel, darauf steht: »Schimp. Duschen 15 h« – Full Service nach Art des Hauses. In einem kleinen Vorraum stapeln sich Bananen.

Die Pfleger haben gerade Pause. Sie betrachten mich einen Moment lang unwirsch. Ich entschuldige mich artig für die Störung. Betont langsam erhebt sich einer und begleitet Harry Jäger und mich zu dem Käfig, in dem ein riesengrauer Gorilla hockt und uns mit ruhigem Blick mustert. »Also«, hebt Harry Jäger an, »der ist heute jut druff.« Und wie sieht er aus, wenn er schlecht drauf ist? »Dann kriegt er ´ne Gänsehaut und sein Fell ist gesträubt.« Harry Jäger scheint kein Freund vieler Worte zu sein.

Schweigend sitzen wir einen Moment lang zu dritt vor dem Gorilla, der wiederum schweigend vor uns sitzt. »Na, die können ja nicht sagen, wenn sie schlecht gelaunt sind«, gibt Ruben, der jüngere Pfleger, zu bedenken. »Da muss man genau beobachten.« Und Harry Jäger ergänzt: »Wir kennen unsere Tiere natürlich ganz genau und sehen sofort, wenn´s einem nicht gut geht.« Zum Beispiel der Gorilla: Der presst, völlig untypisch für seine Art, den Mund zusammen, wenn er schlechte Laune hat. Das kenne ich von meinem Schwager. Der Strichmund, den er bisweilen zieht, sagt der ganzen Familie unmittelbar: »Lass mich bloß in Ruhe.« Zwischen dem Gorilla und seinem Pfleger liegen die Dinge ähnlich. »Ja, wenn er die Lippen zusammenkneift«, sagt Harry Jäger, »dann wissen wir sofort, was Sache ist.«

Gründe für schlechte Laune bei den Menschenaffen gibt es viele. Die beiden Pfleger nennen ein paar. »Umsperren zum Beispiel«, sagt Ruben. »Oder wenn sie raus sollen und nicht wollen, dann kriegen sie richtige Trotzanfälle.« Das müsse man dann respektieren, man könne sie allenfalls ein bisschen locken. Manchmal sei ein Schimpanse einfach auch niedergeschlagen und deshalb nicht ins Freie zu bewegen. Aber es helfe ja nichts: Frische Luft muss sein, Bewegung auch. Und manchmal wolle einer von den Schimpansen einfach nur auf den Arm. Dann streichelt man ihn ein bisschen und wiegt ihn, aber immer schön gerecht müsse das zugehen: »Wir haben die alle gleich gern«, stellt Harry Jäger klar.

Aber wenn einer nun partout nicht will, was man von ihm verlangt? Schimpfen hilft manchmal, hat aber Nachwirkungen. »Wenn man sie angeschrien hat, merken sie sich das. Dann gehen sie zwar raus, aber sie haben dann noch Stunden später schlechte Laune.« Auch wenn sie krank sind, sind sie schlecht drauf. Sie ziehen sich zurück, weisen die Annäherungsversuche ihrer Kameraden zurück, manchmal essen sie auch nichts. Das ist dann ein Fall für den Tierarzt. Dass die Stimmung täglich wechselt, bestätigen beide Pfleger. »Wir haben hier eigentlich keinen Affen, der immer nur schlecht drauf ist.«

Nun könnte man ja vermuten, in den Zoos der Welt sei die Stimmung der Tiere generell schlechter als in der freien Wildbahn. Schließlich sitzt hier hinter Schloss und Riegel, was andernorts in Freiheit weiträumig durch die Savanne streift oder sich von Palme zu Palme schwingt. »Nee«, sagt Harry Jäger über seine Affen, »die kennen ja gar nichts anderes. Von denen hat keiner den Urwald jemals gesehen. Und hier bei uns haben sie ja alles, was sie brauchen.« »Schlechte Laune ist nicht so sehr das Problem«, bestätigt Zoodirektor Hans Frädrich, »eher Langeweile.« Eine gewisse Unterforderung mache vor allem den intelligenten Tieren wie den Menschenaffen und den Elefanten zu schaffen. »Sie haben im Zoo viel freie Zeit, keine Feinde, keine langen Wanderungen.« Sicher beschäftigten sich die Pfleger mit den Tieren, aber die normale Versorgung stehe im Vordergrund, »dabei kommt die psychische Versorgung oft zu kurz.«

Harry Jäger sieht das Problem auch: Besonders die Menschenaffen bräuchten Abwechslung, Beschäftigung und können mit Niedergeschlagenheit reagieren, wenn ihnen langweilig wird. »Das ist bei den Menschenaffen wie bei uns«, sagt er, »wir sind ja auch eng verwandt.« Es habe mit dem Verstand zu tun, bleibt er vage. Aber er will niemandem zu nahe treten. »Damit will ich jetzt auf keinen Fall sagen, Zebras sind doof.« Aber viele Tiere hätten einfach nichts im Kopf.

Anders die Elefanten: »Die sind wirklich intelligent. Gehen Sie da mal hin, die haben auch Launen.« Harry Jäger ruft im Elefantenhaus an und fragt, ob ich gleich mal vorbeikommen dürfte. »Ja«, ruft er ins Telefon, »es geht um schlechte Laune. Kann ich die Dame mal eben vorbeischicken?« Er kann. Zehn Minuten später stehe ich im Flur des Elefantenhauses.

Rechts und links wird gemampft, hier und da ein Prusten. Ketten klirren und das Heu, das die Tiere zum Mittagessen verzehren, knistert leise. Rüdiger Pankow, Chefpfleger der Elefanten, schüttelt mir die Hand. »Jeder Elefant ist da anders«, sagt er, während wir durch den Gang in sein Büro gehen, »wir haben hier zum Beispiel so einen Morgenmuffel.« Der Elefantenbulle schüttelt jeden Morgen beim Wecken heftig den Kopf, und sobald der Pfleger kommt, lässt er Wasser »in Strömen«, betont Rüdiger Pankow. Das sei ganz praktisch, wenn man für Laboruntersuchungen Urin sammeln müsse.

Generell bekämen die Elefanten schlechte Laune, wenn sie Sachen machen sollen, die sie nicht wollen. »Im Park spazieren gehen, wenn Prominente kommen«, sei so eine kritische Situation. Wenn alle zusammen losziehen, sei das kein Problem. Aber wenn einer alleine gehen soll, »dann ist er schnell verärgert«. Sie schütteln dann den Kopf, dass die Ohren nur so fliegen, trompeten, brüllen und tun ihren Unmut laut kund. »Eine Elefantenkuh haben wir hier, die quiekt immer, wenn sie schlecht drauf ist«, berichtet der Chefpfleger, »eine andere schnaubt.« Am besten lasse man das Tier dann in Ruhe oder lasse seinen besten Freund zu ihm. Befreundet seien die Elefanten alle untereinander, jeder habe einen Favoriten, mit dem er sich berüsseln würde.

»Elefanten tauschen sich über ihre Stimmungen aus«, sagt Rüdiger Pankow, »über den körperlichen Kontakt mit dem Rüssel. Sie fassen sich gegenseitig überall an und riechen auch an uns dauernd herum. So erkunden sie, wie der Pfleger so drauf ist.« Wie bei den Menschenaffen sinkt die Stimmung im Elefantenhaus, wenn die Tiere etwas tun müssen, das sie nicht wollen. Duschen, Hinlegen, die Fußpflege oder wenn das Futter mal etwas später kommt, empfinden sie oft als Zumutung. »Elefanten haben eine ganz genaue Uhr im Bauch«, sagt Pankow, »wenn um vier Uhr Einsperren ist und um fünf Minuten nach vier noch kein Pfleger da ist, fangen sie an, Steine gegen die Tür zu werfen und zu meckern. Dann werden sie richtig sauer.«

Auch auf Schimpfen reagieren sie sofort – mit schlechter Laune. Die Stimmung ist ansteckend, betont er. »Wenn einer verärgert ist, reagieren die anderen sofort darauf.« Weil ja jeder seinen eigenen Spezi habe, könnten sie sich gegenseitig trösten – und tun das auch. Pünktlichkeit sei enorm wichtig im Alltag, sagt Rüdiger Pankow und meint damit seine Elefanten. Den Rhythmus müsse man einhalten, sonst kriege man echte Probleme. Er schlägt vor, noch im Raubtierhaus vorbeizuschauen. Wie wichtig ein geregelter Tagesablauf auch für Löwen sei, davon mache man sich im Allgemeinen ja gar keine Vorstellung.

»Allerdings!«, sagt Lutz Störmer, der sich als Alpha-Pfleger der Raubkatzen vorstellt, »mit den Tageszeiten nehmen es die Löwen ganz genau.« – »Eine Unterbrechung ihres Tagesrhythmus nehmen viele Tiere nicht gut hin«, sagt auch Zoodirektor Frädrich. Er glaubt, wenn der normale Ablauf von Füttern,

Schlafen, Auslauf gewährleistet ist, geht es den Tieren gut. »Obwohl das jetzt natürlich etwas im Widerspruch dazu steht, was ich Ihnen über die Elefanten und die Menschenaffen gesagt habe.« Es habe mit der Intelligenz der Tiere zu tun. Wer davon weniger habe, laufe auch weniger Gefahr, sich unterfordert zu fühlen und darüber in miese Stimmung zu geraten. Bei intelligenten Tieren reiche die Unterbrechung des gewohnten Tagesablaufes für eine Verstimmung. »Wenn die Löwen zu wenig Schlaf gekriegt haben«, sagt Lutz Störmer, »sind sie extrem schlecht gelaunt am nächsten Tag.« Der hiesige Alpha-Löwe nehme noch dazu außerordentlich krumm, wenn der Pfleger mal eine halbe Stunde eher das Futter bringe. Und ein Morgenmuffel sei er sowieso. Aber auch wenn sein Pfleger im Urlaub sei, gerate seine Stimmung in Schieflage: »Der hat richtig Stress, wenn ein Ersatzpfleger kommt.«

Hin und wieder kommt es zum Äußersten. »Achtung, männliche Tiere urinieren ins Publikum« – den Hinweis an den Käfiggittern in den Zoos der Welt darf man getrost ernst nehmen, denn auch das ist eine Anwandlung, die den Löwen aus schlechter Laune überkommt. Lutz Störmer nennt noch drei Anzeichen, an denen er die miese Stimmung erkennt: »Entweder fauchen sie ängstlich, oder sie legen die Ohren an, wenn sie aggressiv gestimmt sind. Dann gibt es noch das Schwanzpeitschen.«

Doch den größten Unterschied zwischen den Raubkatzen sieht er im Lebensstil: »Die Tiger, Leoparden und Geparden sind Einzelgänger, da ist die Stimmung nicht so wichtig.« Man müsse nur den richtigen Abstand einhalten und wissen, wann die Gefahrenschwelle erreicht sei. Einzelgängerkatzen seien relativ dumme Tiere, sie hätten kein Sozialleben. Anders die Löwen: »Als einzige Raubkatzen sind sie Rudeltiere. Da überträgt sich die Stimmung leicht von einem auf das andere Tier.« Respektieren, ignorieren – so fasst er die wichtigste Grundregel im Umgang mit missgestimmten Raubtieren zusammen: »Das wird schon von alleine wieder, außer das Tier ist krank.«

Dass die vorübergehend miese Stimmung zum bleibenden Charakterzug wird, kommt auch vor: Der Generationenwechsel in einem Löwenrudel beispielsweise sei so ein Fall, wo schlechte Laune aufkomme und sich verfestige. Das habe ein guter Kollege in einem anderen Zoo erlebt. Die Junglöwen hatten den bisherigen Boss verdrängt und weggebissen. Da hatte der Alte bei den Damen des Rudels keine Schnitte mehr, und dieser abgedrängte Löwe »hatte dann für den ganzen Rest seines Lebens schlechte Laune«.

Lutz Störmer meint, bei den Vögeln gäbe es noch viel komischere Sachen. Da seien welche, die immer in miese Stimmung kämen, wenn Frauen vor dem Käfig auftauchten. Kinder, Männer, große Gruppen – das sei denen ganz egal. Aber sobald eine Frau da stehe, flippten die aus. Da soll ich jetzt mal hingehen, ins Vogelhaus.

»Olga ist ziemlich oft mies drauf«, sagt der Revierpfleger im Vogelhaus des Berliner Zoos über einen Rotband-Ara, »die anderen sind nicht so emotional.« Meine Frage nach der Stimmung im Vogelhaus findet Jörg Ulbricht überhaupt nicht abwegig. »Natürlich sind es eher die höher entwickelten wie die Papageien«, räumt er bedächtig ein, »die sind enormen Stimmungsschwankungen unterworfen.« Schon wenn ihnen die Sonnenstunden fehlen, werden sie leicht trübsinnig. Wie merkt man das bei einem Tier, das keine Mimik hat? »Sie sind dann nicht so bereit, aus sich herauszugehen.«

Bei den Hornvögeln gebe es einen, der kriege immer schlechte Laune, wenn er Menschen sehe. Ein regelrecht übellauniger Wesenszug unterscheide ihn von seinen Artgenossen: »Der mag Menschen einfach nicht.« Er plustere sich auf, wenn er sich schlecht fühle, blinzle mit den Augen und verharre teilnahmslos auf seiner Stange, wenn er mit seinem Pfleger Kontakt gehabt habe. Der Tierarzt habe nichts Organisches feststellen können. Denn etwas Organisches sei oft der Grund, wenn Vögel einen niedergeschlagenen Eindruck machen. Bei vielen Vögeln sei die schlechte Laune absehbar, »wenn das Eierlegen ins Stocken kommt«, grundsätzlich sei sie aber auch eine altersbedingte Erscheinung. Eine gedrückte Stimmung ist jedoch gefährlich: Besonders bei Vögeln, die im Schwarm leben, kommt die Hackordnung ins Spiel. »Wenn einer von den Oberen schlecht drauf ist, machen ihn die anderen nieder. Die Oberen müssen immer demonstrieren, dass sie gut drauf sind, sonst machen die Unteren sie fertig.« – »Sehr spezielle Sensibelchen sind die Papageien«, sagt Jörg Ulbricht, so wie Olga, die Rotband-Ara-Dame: »Da reicht es schon, wenn man den Futternapf mal anders als sonst hinstellt. Schon wird sie richtig sauer und schmeißt den Napf um.« Manchmal gelänge es ihm und den anderen Pflegern allerdings, eine trübe Stimmung im Vogelhaus aufzuheitern. Dann gebe es etwas zu naschen. »Manche schwören auf Weintrauben, andere stehen auf Äpfel«, sagt Jörg Ulbricht. »Wir finden das raus, weil wir ihnen eine Freude machen wollen.«

Grundsätzlich seien es bestimmte Menschen, die die schlechte Laune hervorriefen, oder bestimmte Zeiten, in denen man Stimmungsumschwünge deutlich erkennen könne. Die Balzzeit beispielsweise, »ein ansteigendes Hochgefühl, die Brut als Gipfel, dann die Aufzucht der Jungen«, beschreibt er als einen typischen Verlauf, »dann ist wieder Ruhe.« Während der Brutzeit sind Gänse grundsätzlich übellaunig, sie attackieren alles, was nicht zur Familie gehört. Papageien hingegen verhalten sich in der Familienphase eher ruhig – »vielleicht um nicht aufzufallen«. Als unerreichbare Hochbrüter müssen sie sich zwar im Allgemeinen nicht verteidigen, fahren aber dennoch besser, wenn sie sich nur verhalten äußern.

Den Fall frauenfeindlichen Verhaltens, von dem der Raubtierpfleger gesprochen hat, kann Jörg Ulbricht leicht aufklären. Der anhaltend schlechten Stimmung ging eine miese Erfahrung voraus. Die fragliche Doppelhornvogeldame war von einer Auszubildenden mit dem Besen gehauen worden. Seither bekäme sie üble Laune, wenn sie mit Personen konfrontiert werde, die lange Haare und eine hohe Stimme als Merkmale trügen. Papageien differenzierten sogar noch genauer, betont Jörg Ulbricht. »Schminke, bestimmte Rundungen«, meint er, »solche Dinge merken die sich.«

Ein Problem sei das bei den Papageien, die man aus privater Hand übernehme und die häufig von Frauen versorgt worden seien. »Die müssen dann auch hier von Pflegerinnen gefüttert werden, denn bei Pflegern kriegen die schlechte Laune.« Eine einfache Prägung, so will Jörg Ulbricht das Phänomen verstanden wissen. Besonders Papageien mit ihren Stimmungsschwankungen nehmen etwas von den Menschen an, sie ahmen den Menschen nach. Wenn Olga ihren Futternapf durch die Gegend wirft, »dann muss sie sich das irgendwo abgeschaut haben«, vermutet er. Vielleicht schließe man auch zu kurz von der miesen Stimmung der Menschen auf die der Tiere, überlegt er. »Im Repertoire des Vogels gibt es ja die schlechte Laune an sich nicht.«

9. KAPITEL:

Stimmungen – als Standortvorteil steinalt

Wie der Kollege schon wieder dasitzt: die Arme vor der Brust verschränkt, die Augen zu Schlitzen verengt. Nur die inneren Augenbrauenenden zeigen leicht nach oben, gottlob, noch wölbt sich keine zornige Senkrechtfalte dazwischen. Die quer verlaufenden Stirnrunzeln darüber könnten Konzentration beim Nachdenken andeuten, sie könnten sich aber auch auf ein Ärgernis richten. Mit Waschbrettstirn tut er heute Morgen der Welt seinen Unmut kund. Den Mund hält er geschlossen, die Lippen wirken noch dünner als sonst. Vielleicht hat er außerdem die Beine übereinander geschlagen und wippt angriffslustig mit der Fußspitze. Nun sehen wir plötzlich, dass die Hände in die Oberarme gekrallt sind. Da gibt es wirklich keinen Zweifel mehr: Hier ist jemand verdammt schlecht aufgelegt.

Unwillkürlich entringt sich unserer Brust ein Seufzer, weil wir mit diesem Kollegen nun das Büro teilen müssen. Also erst mal hinsetzen und tief Luft holen. Dadurch weitet sich der Brustkorb, der Herzschlag wird beschleunigt, der ganze Körper richtet sich auf – man macht sich bereit.

Hochgezogene Stirnhaut, sich in Querfalten legend – das nehmen wir unmittelbar als Ausdruck momentanen Missvergnügens wahr und hoffen insgeheim noch, dass nicht wir die Zielscheibe der Bad Vibrations werden, deren Epizentrum uns am Schreibtisch gegenübersitzt. Verschränkte Arme und übereinander geschlagene Beine – wir können aus dieser Haltung meist Negatives ablesen: den bewussten Rückzug, das deutliche Sich-Verwahren oder die misstrauische Erwartung. Auch Schlitzaugen sind Warnzeichen und bewirken bei anderen Unsicherheit.

Blicke können zwar nicht töten, aber was sagt uns denn der starr gerichtete Blick mit unbeweglichen Lidmuskeln, gerunzelter Stirn und abwärts weisenden Mundwinkeln anderes, als dass unser Gegenüber Mordabsichten hegt? Wer die Augen zusammenkneift, bereitet sich auf etwas vor. Das könnte ein Angriff sein.

Auf jeden Fall weiß man nach einem Blick Bescheid. An der Art, wie jemand dasitzt, lesen wir in Sekundenbruchteilen dessen Laune ab. Mehr noch: In rasender Geschwindigkeit scannen wir die Situation und formieren unsere Abwehr, bringen unseren Kreislauf auf Touren, schicken Sauerstoff ins Blut und versetzen Muskeln in Alarmbereitschaft. Das alles geschieht ganz unauffällig. Während wir höflich »Guten Morgen« sagen, haben wir insgeheim die Rühr-mich-nicht-an-Pose unseres Gegenübers längst in die Botschaft »Etwas stimmt nicht« übersetzt. Manchmal quittieren wir dann den Empfang der Sendung mit der Bemerkung: »Na, wohl mit dem falschen Fuß zuerst aufgestanden?«

Handelt es sich nicht um den Kollegen, sondern um den Chef, der mit mürrischem Gesicht weit im Stuhl zurückgelehnt liegt und sogar die Arme verschränkt, dann gehen wir in die Defensive: Wir verkneifen uns den Kommentar und verschieben die Frage nach der Gehaltserhöhung auf einen günstigeren Zeitpunkt. Ist es aber der beste Freund, der Lebensgefährte oder ein prinzipiell gemochter Kollege, versuchen wir ihn aufzuheitern. Sogar das bringen wir in diesem kurzen Moment zustande: Fein abgestuft je nach sozialer Nähe zu der schlecht gelaunten Person reagieren wir punktgenau. Die Trennschärfe dieses Blicks beeindruckt.

Gleiche Haltungen können je nach Zusammenhang etwas Verschiedenes bedeuten. Nicht jeder, der den Kopf hängen lässt, muss unbedingt niedergeschlagen sein – er kann auch den Manschettenknopf suchen, der soeben zu Boden gefallen ist, oder über ein geschäftliches Problem nachdenken. Verliebte können die Blicke nicht voneinander lassen, aber auch Gegner verlieren sich nicht aus den Augen. Schlurfende Füße, die sich nicht vom

Boden lösen wollen, Hände in den Hosentaschen – das alles kann Missbehagen, gedrückte Stimmung oder gewollte Inaktivität demonstrieren, vielleicht aber auch nur eine gewisse Müdigkeit unterstreichen.

Ist es nicht erstaunlich? Mit einem einzigen Blick erfassen wir die Lage. Der erste Eindruck, das intuitive Sehen erlauben uns einen Überblick über die Fülle der Details und lassen uns das Ganze erfassen, und zwar auf einmal und ohne dass wir auch nur ein Wort darüber verlieren müssen. Der Deutlichkeit halber versichern wir uns noch und riskieren weitere Blicke, mit deren Hilfe wir die einzelnen Bestandteile der Situation mustern. Ob uns dann einfällt, dass der schlecht gelaunte Kollege gestern seinen Scheidungstermin vor Gericht hatte oder sonst welchen privaten Ärger, oder ob der strömende Regen draußen vor dem Fenster bestätigt, dass die Laune ja gar nicht anders als schlecht sein kann, ergibt der zweite Blick. Doch der erste hat uns schon alles mitgeteilt, was wir im zweiten en detail überprüfen. Bevor wir an einem anderen Menschen erkennen, was er ist, erfahren wir also, was er will, was er für Wünsche und Absichten hat, und richten unsere eigenen danach aus.

»Ausdruckswahrnehmung kommt vor Dingwahrnehmung«, so erkennt der Philosoph Ernst Cassirer im Sehen von Gesichtern etwas Primäres, »und begründet die Zielgerichtetheit menschlicher Handlungen.« Für den Menschen, schreibt Cassirer, »kann die Welt in jedem Augenblick ein anderes Gesicht gewinnen, weil der Affekt es ist, der dieses Gesicht bestimmt. In Liebe und Hass, in Hoffnung und Furcht, in Freude und Schreck verwandeln sich die Züge der Wirklichkeit.« Jedes Lächeln, jedes Schnutengesicht, jeder Schmollmund oder Strichmund: Sie alle sind Ausdruckssymbole, deren Gehalt in den Gefühlslagen liegt, die sie verdeutlichen. Ähnlich wie die Gedanken, die sich nur in Worten niederschlagen, werden die Gefühle im Gehirn organisiert, jedoch im Gesicht und im Körper mitgeteilt.

Im intuitiven physiognomischen Sehen, mit dem wir Mimik, Gestik und Gebärden entschlüsseln, sind wir Meister. Kein Wunder, wir machen das ja auch nicht erst seit gestern.

Neulich im Neandertal

Auch wenn die Anfänge dieser Erfolgsstory noch weitgehend im Dunkeln liegen, taten unsere Vorfahren gut daran, sich zu Gruppen zusammenzuschließen, als sie sich vor zwölf bis vierzehn Millionen Jahren anschickten, das Leben im Urwald aufzugeben und fortan die offene Savanne Ostafrikas zu bevölkern. Ein Übriges tat das Feuer. Vor einer halben Million Jahren schuf sich der vormenschliche Homo erectus mit dem knisternden Lagerfeuer ein warmes Plätzchen, auf dem nicht nur das erlegte Wisent brutzeln, sondern auch das Sozialverhalten gedeihen konnte.

Ein folgenreicher Schritt: Essgewohnheiten veränderten sich, die weichere Nahrung bewirkte, dass große Kiefer und starke Kiefermuskeln an Bedeutung verloren. Sie schrumpften genauso wie die Backenzähne. Kleinere Eckzähne und ein dickerer Zahnschmelz gelten anthropologischen Ahnenforschern als menschliche Merkmale.

Die Trennung unserer Vorfahren von denen der Menschenaffen war längst vollzogen, als der Frühmensch sich mit seinesgleichen ums Feuer scharte, doch mit den dramatischen Veränderungen in seinem Gesicht verschaffte er sich einen entscheidenden Überlebensvorteil. Das Gehirn begann zu wachsen und komplizierter zu funktionieren. Es blieb ihm auch angesichts der zu erledigenden Aufgaben gar nichts anderes übrig, als so schnell wie möglich beinahe ein Pfund grauer Hirnsubstanz zuzulegen und ein dichtes neuronales Netz zu verkabeln.

Schon nach einer Million Jahren war der komplizierte Schaltplan an seinen Aufgaben gewachsen. Werkzeuge herstellen, gemeinschaftliches Jagen und Sammeln, das Zubereiten und Aufbewahren von Nahrungsmitteln – das schreit geradezu nach vorausschauender Planung und einem ausgeklügelten System der Zusammenarbeit. Schon unsere Homo-erectus-Vorfahren sahen sich gezwungen, sich einander mitzuteilen und miteinander auszukommen, um als Gruppe zu funktionieren. Ausdrucksverhalten und Sprache brachten Kooperation und Kommunikation voran.

Fitnessvorteil in der Frühzeit

Das Leben in Gruppen verschafft dem von Haus aus egoistischen Individuum Vorteile, denn die Evolution belohnt Wohn-, Arbeits- und Lebensgemeinschaften mit einem Überlebensvorteil. Die Selektion begünstigte Individuen, die im Leben besser zurechtkamen – dies führte zu Gesichtern, die sich besser mitteilen konnten, und zwar lange bevor an den Küchentischen der Wohngemeinschaften und in den Besprechungszimmern der Arbeitsgemeinschaften endlich einmal über alles geredet wurde.

Mittels der Sprache versetzte sich der Mensch in die Lage, mit abstrakteren Themen zu hantieren. Richtig sprechen hat der Mensch erst vor ungefähr 100 000 bis 40 000 Jahren gelernt. Über den körperlichen und mimischen Ausdruck seiner Empfindungen hingegen konnte er schon viel früher mit anderen Menschen kommunizieren. Die Vererbung entsprechender zweckmäßiger Gewohnheiten war ein Fitnessvorteil, der sich im Laufe der Jahrtausende noch erheblich verfeinern ließ. Wenn soziale Regeln es erfordern, können wir mittlerweile den Ausdruck unserer Gefühle und Stimmungen verstärken, abschwächen, neutralisieren oder mit einem anderen Ausdruck maskieren. Wir changieren zwischen Zähnefletschen und Lächeln, je nachdem, ob wir einem Kollegen, unserem Chef oder unserem Lebensgefährten gegenübertreten.

Unsere biologische Vergangenheit ist aber auch der Grund dafür, dass wir viele Ausdrucksformen mit der tierischen Verwandtschaft teilen – inklusive der Ursachen, die am Urgrund schlechter Laune hocken wie die Kröte am Brunnen. Der Wiener Soziobiologe Franz Wuketits könnte die Bemerkung des Alpha-Pflegers Lutz Störmer aus dem Raubtierhaus des Berliner Zoos jederzeit unterstreichen, dass nur das Rudeltier Löwe imstande ist, schlechte Laune an den Tag zu legen. Die Frage, ob wir auch in miese Stimmung geraten können, wenn wir vollkommen allein sind, oder ob es sich um eine ausschließlich soziale Regung unseres Gefühlslebens handelt, weist die Richtung. »Die Hölle, das sind die anderen«, hat Jean-Paul Sartre den Sachverhalt sehr knapp umrissen. Moderne Soziobiologen drücken sich diplomatischer aus. »Schlechte Laune bei Tieren hat ähnliche Ursachen wie bei uns Menschen«, sagt Franz Wuketits.

»Hauptsächlich soziale Missstimmungen« macht er verantwortlich für die miese Stimmung der Tiere. »Ganz wie bei uns: Irgendwer tut nicht, was wir erwarten, jemand kommt uns blöd, verweigert uns einen kleinen Gefallen, beleidigt uns, hält nicht sein Wort, spricht schlecht über uns.« Die Palette ist breit. Schlechte Laune versteht der Soziobiologe Wuketits als Preis für unser soziales Leben, das eben seine zwei Seiten habe. So wie es uns Freude bereitet, so kann es auch Ärger verursachen. »Schlechte Laune ist mithin ein Ausdruck von sozialem Stress«, sagt er, »beim Menschen wie beim Tier.«

Die Ursachen seien manchmal leicht auszumachen, manchmal nicht. Aber bei Tieren und Menschen habe die schlechte Laune vor allem eine wichtige Signalfunktion. »Sie bedeutet den anderen, dass jemandem etwas widerfahren ist und man ihm irgendwie helfen soll«, fasst Wuketits zusammen, »durch Aufmunterung beispielsweise. Dazu haben auch Schimpansen verschiedene Möglichkeiten.«

Wir haben noch mehr Möglichkeiten: Wir können viele Worte um die miese Stimmung machen, fein säuberlich akzentuieren nach eher ängstlicher, eher niedergeschlagener oder eher gereizter Tönung, Gründe dafür anführen, die auf das Wetter, das Essen oder das Leben an sich verweisen, und zu guter Letzt unsere Mitmenschen dafür verantwortlich machen, dass wir schlecht aufgelegt sind.

Doch ganz am Anfang steht der Ausdruck für den Eindruck, den unser Befinden auf uns macht. Wenn sich nach und nach auch feinste Irritationen, leichteste Verstimmungen, geringste Verdüsterungen auf die Gesichtszüge legen ließen – umso besser. Denn die natürliche Auslese speicherte Eigenschaften und Neigungen, die zu einem Gesicht führten, das sozial und kulturell erfolgreich war, weil es sich mitteilen konnte.

Vor etwa 200 000 Jahren tauchte ein empfindendes, reagierendes menschliches Gesicht auf: der Neandertaler. Sein Gehirn war sogar noch größer als unseres, aber seine Züge ... Nun ja. Sie haben sich durchaus entwickelt, doch richtig modern ist erst das Gesicht des Cro-Magnon-Menschen, der vor etwa 40 000 Jahren auf der Bildfläche erschien. Er war feiner, intelligenter und in der Lage, artikuliert zu sprechen. Es besaß die Fähigkeit zu Mitgefühl und Lernen, zu Voraussicht und zur Verarbeitung komplexer Informationen sowie zur Vermittlung von Stimmungen.

Über Jahrtausende hinweg spezialisierten sich die Gesichtsmuskeln und eigneten sich immer besser dazu, soziale Beziehungen mitzutragen. Kleine Faserbündel entwickelten sich und zweigten wie Nebenäste von den breiten Muskelstämmen ab. Irgendwann konnten die Muskeln den Gesichtsausdruck schließlich genau und fein abgestimmt kontrollieren. Das Gesicht war in der Lage, sowohl etwas über die Absichten eines Individuums zu vermitteln als auch Artgenossen auf bestimmte Aspekte und Gefahren der Umgebung aufmerksam zu machen. Denn Neandertaler und Cro-Magnon-Menschen waren keineswegs allein.

Das Leben im Pleistozän war kein Spaziergang: Fremde

Horden von Artgenossen, aber auch Fressfeinde und Beutetiere bevölkerten das eisfreie Gebiet zwischen den Alpen und dem Inlandseis. Mammut, Höhlenbär, das wollhaarige Nashorn, Wisent, Eisfuchs und andere an Kälte gewohnte Tiere durchstreiften Frostschutt und Löss-Tundra. Da lauerten vielfältige Gefahren auf unsere Vorfahren – ein Umstand, der das vorauseilende Fühlen, die schnelle Verständigung zwischen Artgenossen in heiklen Momenten geradezu überlebensnotwendig machte.

Die Spur des Neandertalers verliert sich vor etwa 20 000 Jahren. Die Interpretation dieser Tatsache ist prekär. Sagen wir mal so: Er verstand es zwar, Waffen und Werkzeuge herzustellen, bestattete seine Toten, bemalte sich bei rituellen Anlässen und beging Morde. Doch die Ausdrucksfähigkeit seines Gesichtes blieb grob. Das kleinere und feinere Gesicht, der weniger massige Schädel sind die auffallendsten Unterscheidungsmerkmale zum Gesicht des Cro-Magnon-Menschen, in dem wir unseres schon aufscheinen sehen. Manche Forscher vermuten, dass der europäische Zweig der Neandertaler-Sippschaft durch Gletscher vom hauptsächlichen Gen-Pool isoliert wurde und deshalb nicht an den wichtigen evolutionären Verbesserungen teilhaben konnte, die sich andernorts offenbar vollzogen.

Anders sein Zeitgenosse, der Weltbürger Cro-Magnon, in dessen Gesicht mächtige evolutionäre Kräfte am Werk waren, die das komplexe Zusammenspiel körperlicher, geistiger und sozialer Fähigkeiten vorantrieben und zum Anpassungsvorteil reifen ließen. Das Ergebnis kann sich sehen lassen: Mithilfe der 22 mimischen Muskeln auf jeder Gesichtshälfte können wir etwa 10 000 verschiedene Ausdrucksformen hervorbringen, auch wenn wir uns damit begnügen, nur etwa 2000 davon einzusetzen. Schlechte Laune auszudrücken ist die deutlich größere evolutionäre Herausforderung: Wir brauchen nur 17 Muskeln, um zu lächeln, aber ganze 43, um finster zu blicken.

Evolutionsforscher finden mit guten Gründen: Stirnrunzeln, herabhängende Mundwinkel und bohrende Blicke sind ein

Überlebensvorteil. Lange bevor eine rationale Handlungsplanung möglich war, mussten unsere phylogenetischen Vorfahren über Mechanismen der Verhaltenssteuerung verfügt haben, die eine optimale Anpassung ermöglichten. So wie das Lachen Bindungen stiftet und aufrechterhält, zieht das missgestimmte Gesicht die Aufmerksamkeit auf sich. Smiley und Frowny sind zwei Seiten derselben Medaille. Die Mimik, in der sich miese Laune mitteilt, informiert die Sippschaft in Bruchteilen von Sekunden darüber, dass etwas nicht stimmt.

»Ein alter Weg«, sagt der Würzburger Emotionsexperte Roland Neumann, »der quasi ohne Zutun der Großhirnrinde und damit ohne Verzögerung das Bewusstsein über Gefahren oder anderes Unbill informiert.« Dass wir uns von der schlechten Laune eines anderen Menschen so schnell anstecken lassen, ist ein soziales Phänomen, das biologisch uralt ist und uns größte Überlebensvorteile verschafft. »Wenn ein Gruppenmitglied einen Angst oder Ärger auslösenden Stimulus schnell findet, haben alle in der Gruppe den Anpassungsvorteil«, erklärt Roland Neumann den außerordentlich großen Nutzen. »Selbst wenn das System hoch fehlerbehaftet ist, weil jeder sich täuschen kann, ist man eher auf der sicheren Seite.«

Wie schnell und dabei ungenau das System funktioniert, erklärt Roland Neumann mit einem Beispiel: Wenn wir in der Dämmerung joggen und etwas Langes, Dunkles, Gebogenes auf unserem Weg erkennen, jagt eine Welle von Angst durch unseren Körper. Wir springen zur Seite, bevor wir uns die Zeit nehmen herauszufinden, ob es eine Schlange, ein heruntergefallener Ast, ein Stück Gartenschlauch oder ein weggeworfener Fahrradmantel ist. Neumann verweist weiterhin auf zahlreiche Studien unserer Tage, die den so genannten »face in the crowd«-Effekt hinlänglich bewiesen haben: In einer Menge von Gesichtern erkannten Versuchspersonen ein einzelnes missgestimmtes Antlitz im Allgemeinen viel schneller als ein heiteres oder nichtssagendes.

Eingefühlt oder angesteckt?

»I know how you must feel, Brad!«, steht unter dem gepixelten Bild der blonden Supernova, die der Maler Roy Lichtenstein als Comicfigur zeichnete. Ihre sorgsam gezupften Brauen biegen sich über dem Näschen anmutig nach oben, die vollen Lippen neigen sich ein klein wenig nach unten. Die runden Augen scheinen bereit, das ganze Elend eines Menschen namens Brad in sich aufzunehmen. Auf ihrer Wange glänzt eine Träne: Der Cartoon übertreibt ganz schön. Aber Pop Art darf das.

Ohne Frage handelt es sich hier um dargestelltes Mitleid par excellence, dem wichtigen sozialen Kitt im Gebäude des Zwischenmenschlichen, der die Einzelwesen an ihren Sollbruchstellen aneinander bindet. Einfühlsamkeit ist ein besonderer Stoff. Wie ein spezieller Leim bindet er nicht nur in Sekundenschnelle ab, sondern funktioniert auch in der Art eines Zwei-Komponenten-Klebers.

Die Dame hat sich eingefühlt in die Misere eines anderen Menschen, der aus Gründen, die wir nicht kennen, richtig mies drauf ist. Sie hat sich aber auch offensichtlich von ihm anstecken lassen, denn in ihrer Mimik spiegelt sie den niedergeschlagenen Gesichtsausdruck ihres Gegenübers. Das Ganze unterstreicht sie außerdem noch mit Worten, die ihm zusätzlich zu verstehen geben: »Mensch, Brad, ich weiß genau, wie du dich fühlst.«

Doch woher kann sie das wissen? Sie steckt schließlich nicht in Brads Haut, hat vielleicht, bevor sie ihn traf, eine vergnügte Stunde mit ihren anderen blonden Freundinnen beim Shoppen verbracht und erfreut sich auf der Sonnenseite des Lebens der allerbesten Laune. Und dann das: Sie trifft ihren alten Kumpel Brad, der soeben sein Auto zu Schrott gefahren hat, von seiner Liebsten in die Wüste geschickt wurde oder von der Party gestern Abend einen wummernden Schädel zurückbehalten hat. Und schon gibt sie angesichts des offensichtlich bedauernswerten Eindrucks, den Brad nun macht, ein großes Stück ihrer eigenen Stimmung preis. Unter dem Eindruck dieser Begegnung rückt ihr frohgestimmtes Lächeln zur Seite. Sie legt Brads Trübsal auf ihre Züge und gerät auf diese Weise sogar selbst ein bisschen in schlechte Stimmung.

»Wenn wir einen negativen Emotionsausdruck einnehmen, dann stellen sich offenbar bis zu einem gewissen Grad auch die zu dieser Emotion passenden anderen Emotionskomponenten ein wie etwa physiologische Veränderungen und Veränderungen des Denkens und Erlebens«, erklärt der Emotionsforscher Roland Neumann. Im Klartext: Die Gesichtsmuskeln, die die inneren Augenbrauen anheben und die Mundwinkel senken, bewirken eine vorübergehende Anämie im Gehirn, und das geht mit negativen Gefühlslagen einher. Drücken wir Traurigkeit aus, lassen einige Gesichtsmuskeln mehr Blut durch die Gesichtsarterie aus dem Gehirn herausströmen und verstärken die Blutzirkulation zurück zum Gehirn. Als Folge steigen Gehirntemperatur und Herzschlagrate vorübergehend an. Im Dachstübchen wird fieberhaft gearbeitet, gleichzeitig vermindert Traurigkeit die Sauerstoffzufuhr im Gewebe und dämpft lebenswichtige Prozesse.

Darauf hat der amerikanische Forscher Robert Zajonc erstmals hingewiesen. Darwins Behauptung von den mimischen Ausdrucksweisen mit universeller Bedeutung will Zajonc nicht bestreiten, aber er betont, »dass sie nichts von der Dynamik oder den biologischen Substraten von Emotionen erklärt«. Wenn wir lächeln oder die Stirn runzeln, drücken wir nicht nur unsere Stimmung für die Außenwelt aus, sondern passen auch die Durchblutung unseres Gehirns unserer momentanen Situation an. Wir kommunizieren mit den Ausdrucksbewegungen unseres Gesichts, aber sie dienen uns auch dazu, den Blutstrom zum und vom Gehirn zu steuern. Wir stimmen uns aufeinander ein und zeigen uns das auch: »Ich weiß genau, wie dir zumute ist, Brad!«

Natürlich muss das nicht so sein. Wir können einem Miesepeter durchaus entgegenhalten: »Bleib mir bloß weg mit deiner schlechten Laune.« Denn mit guten Gründen müssen wir fürchten, dass der Funke überspringt, dass der Nerv-Virus den Wirt wechselt und wir uns anstecken. Der innere Zustand eines Menschen wirkt auf sein Umfeld ein, und das schlägt auf den Menschen zurück – das Paradebeispiel der sich selbst verwirklichenden Prophezeiung.

Treffen sich zwei Männer auf der Straße. Sagt der eine: Na, wie geht´s denn so? – Sagt der andere: Frag mich bloß nicht. Wie soll´s mir schon gehen, beschissen natürlich in dieser Scheißstadt. – Darauf der erste: Hey, Kopf hoch. Immerhin scheint heute die Sonne. – Ha, gibt der zweite zurück, du meinst wohl, das Ozonloch wächst. Hab ich auch schon geschnallt. Globale Erwärmung, Treibhauseffekt – ach, hör mir doch damit auf. – Der erste gibt so schnell nicht auf: Weißt du, ich rechne jeden Tag damit, dass mir etwas ganz besonders Schönes passiert. Ein Lottogewinn, die Frau meines Lebens, irgendetwas – alles ist jeden Tag möglich! – Davon will der andere nichts wissen. Er winkt ab: Sag mal, bist du stoned oder was? – Der erste startet einen letzten Versuch, deutlich erlahmt: Ich hab gestern im Kino einen tollen Film gesehen ›Back in Black‹. Geil, sag ich dir, zum Ablachen. Geh doch auch mal hin. – Der andere will davon nichts wissen: Du hast dir also den industriellen Kulturschrott in so einem Multiplex-Schuppen reingepfiffen, und jetzt glaubst du, ich sollte mir das auch antun! Pah, ich bin doch nicht blöd!

Dieses Gespräch eines gut gelaunten mit einem schlecht gelaunten Menschen ist nun an seinem toten Punkt angekommen. Wenn das jetzt so weitergeht, ist es wahrscheinlicher, dass sich der Gutgelaunte vom Schlechtgelaunten anstecken lässt, als umgekehrt. Vernunftgründe äußert eher die Miese-Laune-Seite, und davon meist reichlich: vom Mistwetter über die allgegenwärtigen Preiserhöhungen und die Großstadthektik bis zur Endlichkeit der eigenen Existenz. Schon ein Blick in die Zeitungen überzeugt uns davon, dass Murphy's Law, wonach alles, was passieren kann, auch passiert, keine Erkenntnis ist, die aus schlechter Laune geboren ist, sondern einen illusionslosen Blick auf die Lage der Dinge wirft. Das ist ansteckend!

Allein deshalb wird der Gutgelaunte das Gespräch mit dem Schlechtgelaunten an dieser Stelle abbrechen und auf dem Absatz kehrtmachen, um das Schäfchen seiner guten Stimmung ins Trockene zu bringen. Er weiß genau, wie kostbar und flüchtig seine Stimmung ist, und wird sich auf keinen Fall von deprimierenden Tatsachen davon abbringen lassen. Allerdings liegt keiner von beiden mit seiner Einschätzung näher an der Wirklichkeit. Was die beiden unterscheidet, sind ihre Stimmungen – seelische Zustände, die keine fassbare Ursache haben, aber doch die unmittelbare Umgebung beeinflussen und dadurch zu Gewissheiten über den Zustand der Welt gerinnen.

Stimmungsübertragungen kennen wir von Kindesbeinen an: Wir liegen auf dem Bauch, machen ein paar unentschiedene Bewegungen mit Armen und Beinen in alle Richtungen, und irgendwann klappt es: Wir krabbeln los. Berauscht von den Möglichkeiten der Fortbewegung lassen wir nicht locker und erobern uns eines Tages den aufrechten Gang. Schwankenden Schrittes entfernen wir uns von der Mutter und blicken fragend zurück. Schenkt sie uns ein unbesorgtes, entspanntes Lächeln, fühlen wir uns ermutigt und tapern weiter. Drückt ihr Gesicht allerdings echte Besorgnis aus, weil die Tischkante unserem kahlen, empfindlichen Kopf so bedrohlich nahe kommt, knicken wir schnell ein. Unsere ängstliche Stimmung hat die mimische Verstärkung durch die Mutter erfahren. Sie hat uns die Situation nach ihren Befürchtungen interpretiert.

»Kinder sprechen schon im ersten Lebensjahr mit kongruenten Gefühlen auf den Emotionsausdruck eines anderen an«, erinnert Roland Neumann an frühe Zeiten und warnt vor voreiligen Schlüssen. »Es wäre ein Missverständnis, daraus abzuleiten, dass sie auch verstehen, in welcher emotionalen Verfassung der andere sich befindet.« Gefühlsangesteckte Babys merken noch nicht, dass sie ein Gefühl von einer anderen Person übernommen haben. Schon in den Säuglingszimmern der Entbindungsstationen kann man das beobachten: Sobald ein Baby zu schreien anfängt, stimmen die anderen ein. Und das ist erst der Anfang ...

Vielfältige Erscheinungsformen von Stimmungsübertragungen in Fußballstadien oder auf Beerdigungen, in Festzelten und Büroetagen, aber auch bei bestimmten Tieren legen den Gedanken an einen Übertragungsmechanismus nahe, bei dem die Wahrnehmung eines bestimmten Ausdrucksverhaltens entsprechende Motivationen oder Emotionen beim Beobachter direkt auslöst. Und tatsächlich: »Ein negativer Emotionsausdruck wird von Stammhirnbereichen wie der Amygdala auch dann verarbeitet, wenn das Gesicht subliminal dargeboten wurde. Auch die kongruenten mimischen Reaktionen stellen sich offenbar automatisch ein«, fasst Roland Neumann den wissenschaftlichen Erkenntnisstand zusammen. Er hält es durchaus für wahrscheinlich, dass negative Emotionen ansteckender sind, weil das Anpassungsvorteile bietet. In eigenen Studien habe sich Trauer – untersucht als Emotion, nicht als Stimmung – jedenfalls als ansteckender erwiesen als Freude.

Über die Übertragungswege beim Menschen wisse man bislang wenig. Sprachliche, kognitive Mechanismen der Einfühlung seien sehr gut erforscht und dokumentiert. Doch das Feld der automatischen Übertragung von Stimmungen zwischen Menschen wird erst neuerdings wieder beackert.

Von Mandelkern zu Mandelkern: Der alte Weg

Jahrhundertelang wirkte das unscheinbare Ding eher aus dem Verborgenen, gleichwohl zuverlässig und unverdrossen. Erst in den letzten Jahren geriet es auf die Objektträger der wissenschaftlichen Neugier. Seit sich (neben der Phantasie auch andere) bildgebende Verfahren technologisch realisieren lassen, kann die Forschung seine überragenden Qualitäten ins rechte Licht rücken und das kleine Ding gar nicht genug loben. Denn es ist allzeit bereit, jede Erfahrung, jedes Erlebnis, jede Wahrnehmung kritisch zu prüfen und auf ihren praktischen Nutzen für die eigene Existenz abzuklopfen. Dabei hat es stets nur das Eine im Sinn, nämlich die primitivste aller Fragen zu stellen: »Ist das, was da ist, etwas, das ich nicht ausstehen kann, das mich kränkt, das mich bedroht?« Im Falle der Bestätigung reagiert der Mandelkern augenblicklich wie ein neuronaler Stolperdraht und schickt eine Krisenmeldung an alle Teile des Gehirns.

Joseph Le Doux, Neurowissenschaftler am Center for Neural Science der Universität New York, hat Ende der achtziger Jahre des vergangenen Jahrhunderts eine interessante Entdeckung gemacht und mit der bis dahin gültigen Vorstellung vom Denken, Fühlen und Handeln gründlich aufgeräumt. Le Doux hat nicht nur das unwegsame Gelände des limbischen Systems mit seinen Vorposten Mandelkern, Hypocampus, Thalamus und Hypothalamus in unserem Gehirn neu vermessen, sondern auch neue Wege entdeckt, auf denen die Neurotransmitter, unsere chemischen Botenstoffe, unterwegs sind.

Gemeinsam mit anderen Neurowissenschaftlern fand er beispielsweise heraus, dass der Hypocampus weniger mit emotionalen Reaktionen beschäftigt ist als vielmehr dafür sorgt, dass wir Wahrnehmungsmuster erstellen und deuten können. Der Hypocampus stellt unsere Erlebnisse in einen Kontext, was uns wiederum erlaubt, sie zu bewerten. Mithilfe des Hypocampus können wir erkennen, dass ein Löwe im Zoo etwas anderes bedeutet als ein Löwe unter unserem Bett.

Der Mandelkern hingegen sammelt emotionale Erinnerungen und gibt so dem Erlebten Farbe: Wenn wir nach einer Party nachts allein durch eine dunkle Straße nach Hause gehen und sich plötzlich ein bewaffneter Mann uns in den Weg stellt, merkt sich der Hypocampus die Einzelheiten des Vorfalls: wie spät es war, wie kurz unser Rock und wie lang das Messer war, das dieser Mann zückte, und auch, ob er nach Schnaps roch. Doch unser Mandelkern sorgt dafür, dass nach diesem Vorfall jedes Mal, wenn wir durch diese Straße gehen, uns eine heiße Welle von Angst durchflutet – sogar am helllichten Tag, wenn weit und breit kein betrunkener Mann zu sehen ist.

Im Mandelkern sieht Daniel Goleman einen »emotionalen Wachtposten«, der allerdings Prokura hat. Wie ein Geheimagent mit der Lizenz zum Reagieren kann der Mandelkern Reaktionen bewirken, ohne grünes Licht aus der Großhirnrinde abwarten zu müssen, weil vielleicht in der Schaltzentrale noch an anderem gearbeitet wird. Joseph Le Doux entdeckte sozusagen den »kleinen Dienstweg«.

Sensorische Signale vom Auge oder vom Ohr erreichen zunächst den Thalamus und von dort über eine einzige Synapse den Mandelkern; zusätzlich wandert der größere Teil der Informationen vom Thalamus zum Neokortex, dem denkenden Gehirn. Das ist immer noch die altehrwürdige Instanz, die uns ermöglicht zu begreifen, was uns ergreift. Aber es ist diese Verzweigung vom Thalamus zum Mandelkern, »die dem Mandelkern erlaubt, vor dem Neokortex zu reagieren, der die Informationen auf mehreren Ebenen zerebraler Schaltungen verarbeitet, ehe er die Dinge vollständig wahrgenommen hat und endlich seine feiner zugeschnittenen Reaktionen einleitet«, erklärt Daniel Goleman in seinem Bestseller ›Emotionale Intelligenz‹ die bahnbrechende Erkenntnis von Joseph Le Doux.

Ein kleineres Bündel von Nervenenden, die vom Thalamus direkt zum Mandelkern verlaufen, zusätzlich zu jenen, die den längeren Weg zum Kortex nehmen – das ist die biologische Hardware, die dem Mandelkern erlaubt, prompt Inputs von Auge, Ohr und anderen Sinnen zu empfangen und zu reagieren, bevor die Großhirnrinde sich ein genaues Bild der Sachlage verschafft hat. Das geht schnell, wenigstens bei Ratten, dürfte sich aber bei Menschen in gleicher Geschwindigkeit abspielen: Zwölf Millisekunden braucht der Mandelkern der Laborratte, um eine Reaktion auf eine Wahrnehmung folgen zu lassen. Der Weg vom Thalamus über den Neokortex bis zum Mandelkern dauert doppelt so lange. Die Abkürzung erlaubt uns eine Art »präkognitiver Emotion«, wie Le Doux das bezeichnet – ein dem Denken vorauseilendes Gefühl.

Der Mandelkern enthält Erinnerungen und Reaktionsmuster, die wir umsetzen, ohne zu wissen warum, weil der kleine Dienstweg den Neokortex übergeht. Hier können Gefühle und Stimmungen bewahrt werden, von denen wir nie bewusst Kennntnis genommen haben und die, ausgelöst durch einen scheinbar beliebigen, banalen Reiz, plötzlich unser Fühlen durchdringen. Die eigenartige Textur des Stoffes, aus dem unsere Stimmungen gewebt sind, könnte hier ihre biologische Produktionsstätte haben.

Ohne erkennbaren Anlass auf einmal niedergeschlagen sein – ein Elmsfeuer neuronaler Gewitter, die sich, tief in unserem Gehirn verborgen, an einem heimlichen Ort wie dem Mandelkern entladen? Der Fitness-Vorteil liegt auf der Hand: Derjenige unserer Vorfahren, der angesichts des wutschnaubenden Wisents erst einmal seine Keulen zählte und sich anschickte, eine Schwachstelle in den wüst behaarten Flanken des Tieres zu erspähen, hatte schon verloren.

Bessere Chancen hatte der, der das Wisent bereits erspürte, noch bevor es Kurs auf ihn nahm, und dessen gereizte, angespannte Aufmerksamkeit sich den Sippengenossen über Körperhaltung, Stimme, Mimik und Gestik mitteilte, lange bevor er sagte: »Also Leute, ich weiß auch nicht. Aber ich bin so nervös, so unruhig heute Morgen und kriege irgendwie die Kurve nicht. Mir scheint, es liegt etwas in der Luft. Vielleicht sind es die Wolken, die sich da über den Bergen zusammenbrauen. Vielleicht ist es auch etwas anderes. Lasst uns die Lederschürzen von der Leine nehmen, bevor das Gewitter losbricht, und nachsehen, ob unsere Keulen in Ordnung sind. Und quatscht nicht so viel rum, das ewige Palaver geht mir total auf die Nerven.«

Die Evolution hat uns Neigungen hinterlassen, die bisweilen unerklärlich wirken. »Man braucht nicht genau zu wissen, was etwas ist, um zu wissen, dass es gefährlich ist«, fasst Joseph Le Doux den Sinn dieser evolutionären Erbschaft zusammen. Phänomene wie Wetterfühligkeit, aber auch plötzliche Stimmungsumschwünge könnten eine gewisse Restsüße aus den Belohnungen sein, die unsere Entwicklung für die Lebewesen bereithielt, die sich schlau und wendig den Verhältnissen angepasst haben.

Manche wirken merkwürdig veraltet, weil unsere soziale Welt sich gewandelt hat. Besonders in Selbstbedienungsrestaurants kann man den fernen Niederschlag angepassten Reproduktionsverhaltens studieren: Unbeeindruckt von der modernen Tatsache, dass auch Frauen nunmehr jagen und sammeln, sind es immer die Männer, die sich nach Art der Jäger und Sammler in der Schlange anstellen, während die Frauen mit den Kindern an den Tischen auf die Beute warten.

Orientierung an der Mensch-Umwelt-Schnittstelle

Im Allgemeinen bricht jedoch keine Schlägerei um die fettesten Brocken los, wenn die Jäger vor der McDonald's-Theke Schlange stehen. Wo bleibt angesichts der erstaunlichen Friedfertigkeit heutiger ausgewachsener Männer in dem Moment, in dem die Beute verteilt wird, eigentlich »unsere angeborene biologische Struktur, die grundlegenden neuronalen Schaltungen der Emotionen«, wie Daniel Goleman das ausdrückt, eben schlicht das, was sich in den Überlebenskämpfen der letzten 50 000 Jahre am besten bewährt hat? Wenn sich in den letzten 10 000 Jahren, in denen sich unsere Zivilisation entwickelt hat und die Bevölkerung von fünf Millionen auf heute beinahe acht Milliarden angeschwollen ist, in den biologischen Grundformen unseres Gefühlslebens kaum noch Spuren davon entdecken lassen, wie uns die Soziobiologen von heute versichern, ist das doch verwunderlich.

Immerhin: Schlechte Laune macht sich noch breit. Wo sonst gedeiht sie so gut wie da, wo viele Menschen unfreiwillig aufeinander treffen und ausharren müssen. Der Soziobiologe Franz Wuketits sieht, wie schon erwähnt, im sozialen Stress einen hervorstechenden Grund für miese Stimmung. Er erinnert daran, dass unsere stammesgeschichtlichen Vorfahren ein paar Millionen Jahre lang als Jäger und Sammler in kleinen Gruppen von etwa dreißig bis fünfzig Individuen umhergezogen sind. Diese Gruppen waren Primärgruppen, aufgebaut auf persönlicher Bekanntschaft. Mit der Sesshaftigkeit und dem Übergang von der aneignenden Lebensweise, dem Jagen und Sammeln von Pflanzen, zur produzierenden Lebensweise, dem Ackerbau und der Viehzucht, entstanden immer größere Siedlungen, mit der Urbanisierung auch Städte, also anonyme Großgesellschaften. Damit änderten sich die Rahmenbedingungen für den Homo sapiens grundlegend.

Mit der Urbanisierung und den damit verbundenen Wirtschaftsformen ist ein Prozess in Gang geraten, der nicht mehr zu bremsen war – zurück in die Steinzeit können wir also nicht mehr. »Das Problem für uns heute«, sagt Wuketits, »die wir eben den Neandertaler der Kleingruppe mit uns herumtragen, besteht darin, dass wir es immer mehr mit uns fremden Menschen zu tun haben, mit denen sich – schon aus quantitativen Gründen – natürlich kein so enges soziales Band herstellen lässt wie das der Kleingruppe.«

An die Stelle der Vertrautheit trete immer mehr die Anonymität. In der Schlange vor der Supermarktkasse, an Abflugschaltern und in überfüllten Straßenbahnen befalle uns unweigerlich schlechte Laune. »Die anonyme Menschenmenge verursacht sozialen Stress. Der wiederum ist nicht gerade dazu angetan, uns gute Laune zu verschaffen.« Aber wir scharren höchstens ungeduldig mit den Füßen, schneiden Grimassen oder brechen einen kleinen Streit vom Zaun, wenn uns jemand anrempelt. Offenbar kennt der Mandelkern einen Moderator.

Daniel Goleman erklärt, dass der präfrontale Kortex am Werk ist, wenn jemand seine Stimmungen und Gefühle unterdrückt, um sich genauer mit einer Situation zu beschäftigen, die möglicherweise eine Neubewertung verlangt – gewissermaßen wird ein Schalter umgelegt, um den Mandelkern zu dämpfen. »Der Mandelkern schlägt vor, der Präfrontallappen entscheidet«, beschreibt Daniel Goleman die sinnvolle Arbeitsteilung zwischen den verschiedenen Gehirnregionen. Wir verdanken dem System eine »weit über die Feinabstimmung von Emotionen hinausreichende Bedeutung für das Seelenleben; sie geben uns bei unseren wichtigsten Lebensentscheidungen Navigationshilfe.«

Aus den Stimmungen als Suchscheinwerfern, die uns die Welt ausschnitthaft beleuchten, wie Hoimar von Ditfurth dies beschrieb, ist ein Steuerungsinstrument geworden, auf das wir nur bedingt einwirken können. Diesen Umstand haben verschiedene Philosophen verschieden ausgedrückt, lange bevor die Neurowissenschaftler den Vorgang dingfest machen konnten. Auch Martin Heidegger bemerkt in seinem Buch ›Sein und Zeit‹ über die Weiterungen des Nicht-Intentionalen mit einer gewissen Nonchalance: »Wir müssen in der Tat ontologisch grundsätzlich die primäre Entdeckung der Welt der bloßen Stimmung überlassen.«

Herr Häusel, woher kommt die schlechte Laune?

»Das limbische System ist die zentrale Bewertungsinstanz, die unserer Außen- und Innenwelt erst durch Emotionalisierung ihre Bedeutung verleiht«, sagt auch Hans-Georg Häusel, Psychologe und geschäftsführender Gesellschafter der Unternehmensberatung Gruppe Nymphenburg in seinem Buch ›Think Limbic!‹. So erlebten wir diese Bewertungen in unserem Bewusstsein zwar in Form von Emotionen, die zwischen negativ und positiv schwanken. Doch viel wichtiger im Alltag seien die sanften Tönungen wie Lust und Unlust, leichte Gefühle der Unsicherheit, der Gereiztheit, aber auch der Sympathie und Zufriedenheit. »Diese Tönungen beachten wir nicht oder kaum, aber genau diese Tönungen sind es, über die unser Verhalten weitgehend unbewusst gesteuert wird.«

Wie Leitstrahl und Autopilot den Jet in der Luft halten und sicher zum Zielort geleiten, halte unser limbisches System uns auf Kurs. Kleine Kursabweichungen, etwa in Gestalt von Störungen bei (lieben) Gewohnheiten, quittiere das System mit Blinkzeichen: Leichte Unlust- oder Ärgergefühle machten sich im Bewusstsein bemerkbar. Größere Kursabweichungen, wie etwa eine drohende Entlassung, würden uns bewusst durch laute Warnungen: Angst, Ärger und Wut – eine echte Emotion mit Anlass, Objekt und an- beziehungsweise abschwellendem Verlauf.

Weil wir diese negativen Gefühle vermeiden wollen, schreiten wir zur Tat – zu Handlungen, die zur Erfüllung unserer limbischen Instruktionen geeignet erscheinen. Negative Stimmungen und Gefühle veranlassen uns also, zum vorgeschriebenen Steuerkurs zurückzukehren. Sind wir da wieder angekommen, werden wir durch positive Gefühle wie Lust, Spaß, Geborgenheit und Glück belohnt.

Die Basis des Autopiloten ist biologisch – und längst philosophisch vorgedacht: »Die von Kant postulierten Apriori-Kategorien, also die angeborenen Erkenntnisstrukturen der Wahrnehmung und Welterkennung wie Zeit und Raum, erfahren auf diese Weise eine Erweiterung und gleichzeitig eine Rückstufung in ihrer Wichtigkeit«, betont Hans-Georg Häusel und nennt die für das menschliche Wahrnehmen und Denken zentralen Erfassungs- und Bewertungskategorien: »Balance, Dominanz, Stimulanz«. Das also sind die Instruktionen des Unbewussten, die zu erfüllen das limbische System uns aufgibt. Das unscheinbare graue Klümpchen Gehirnmasse gibt uns die Eckdaten, die mit unseren Zielen, die wir weiter oben in der Großhirnrinde ausbrüten, in Einklang stehen sollen.

Nichtbefolgen wird mit miesen Stimmungen und negativen Gefühlen bestraft – das klingt arg nach Freiheitsberaubung. Grund genug, einmal grundsätzlich nachzufragen:

Herr Häusel, woher kommt die schlechte Laune?

»Der Emotionspsychologe unterscheidet grundsätzlich zwischen eher lang anhaltenden Grundstimmungen und kurzfristigen Zuständen. Während Erstere sehr stark in der Persönlichkeit verankert sind, sind Letztere von Auslösern in der Außenwelt, aber auch von inneren Zustandsschwankungen, Hormonen, der Müdigkeit und so weiter, abhängig. Die situative schlechte Stimmung wird oft unbewusst von gelernten Hinweissignalen ausgelöst. Wir kippen plötzlich in die schlechte Stimmung, ohne zu wissen, dass uns ein Signal aus der Außenwelt getriggert hat.«

Die Vielfalt der Anlässe für schlechte Laune widersetzt sich jeder Klassifizierung. Warum sind die eigentlichen Gründe für Missmut, Reizbarkeit oder Niedergeschlagenheit nur ausnahmsweise bewusst?

»Weil unser Bewusstsein am Ende eines neuronalen Verarbeitungsprozesses steht und nicht die Steuerungsmechanismen in unserem Kopf abbildet. Und: Unser Bewusstsein führt kein Eigenleben, sondern agiert im Rahmen unserer biologischen Vorgaben, die sich in unserem Bewusstsein über Gefühle, lustvoll oder unlustvoll, bemerkbar machen. Aber: es sind nicht die Gefühle, die uns steuern, sondern unser biologisches Programm.«

In der Alltagsüberzeugung gilt der Zusammenhang zwischen physiologischen Zuständen und Stimmungen als selbstverständlich. Zu wenig Licht, zu wenig Serotonin, zu wenig Schlaf – ist schlechte Laune nur der Reflex des Bewusstseins auf ein physiologisches Ungleichgewicht?

»Schlechte Laune kann ihre Ursache in einem physiologischen Ungleichgewicht haben, sie kann aber auch von außen ausgelöst sein. Doch selbst Auslöser von außen machen sich biochemisch bemerkbar: Eine Situation, die als bedrohlich oder überfordernd empfunden wird, führt zur Ausschüttung des Stresshormons Cortisol.«

Warum sind wir manchmal niedergeschlagen, obwohl gar nichts Schlimmes passiert ist? Und warum sind wir hin und wieder aus unerfindlichen Gründen guter Dinge, obwohl es gerade nicht so gut läuft?

»Das hängst meistens mit den Schwankungen unserer Neuromodulatoren zusammen. Diese Schwankungen können wetter-, tages- oder jahreszeitbedingt sein, aber auch vom Alter und der Ernährung abhängen. Oft sind es aber auch unbewusste Auslöser aus der Umwelt.«

Schlechte Laune ist ein starkes Signal. Warum sind Kollegen, Partner, Bekannte von der Rühr-mich-nicht-an-Botschaft eines schlecht gelaunten Mitmenschen so leicht zu beeindrucken?

»Weil das limbische System diese Botschaft verhaltenssteuernd übersetzt. Oft ist die schlechte Laune mit Reizbarkeit verbunden, was zu Aggressionen = Gefahr führt.«

Taugt eine sorgsam inszenierte miese Stimmung als Instrument, um eigene Interessen und Wünsche durchzusetzen?

»Kurzfristig ja, langfristig nein, weil wir Mitmenschen mit schlechter Stimmung meiden. Anders sieht es aus, wenn ich in einer Machtposition bin – dann kann ich Mitarbeiter einschüchtern und verunsichern. Allerdings demotiviert das auch.«

Oder ist die schlechte Laune einfach nur ein »Betriebsunfall«, eine trübe Anwandlung, die jeden hin und wieder überkommt?

»Nein, schlechte Laune ist wichtig, denn sie zwingt uns, unsere Situation so zu verändern, dass unser genetischer Erfolg größer wird: Wenn ich mit mir unzufrieden bin, strenge ich mich an. Wenn ich Langeweile verspüre, suche ich nach Neuem. Wenn ich mich gestresst fühle, suche ich nach Ruhe.«

Gibt es sozial verbindliche Normen für den Umgang mit schlechter Laune, analog etwa den Normen für den zwischenmenschlich korrekten Ausdruck und die Verarbeitung von Ärger?

»Das hängt von der Art und dem Inhalt der schlechten Laune ab. In der Regel sind diese Normen fest in unserem System verankert und eher kulturunabhängig. Dem limbischen System ist es gleichgültig, ob wir Vorstandsvorsitzender oder Stammeshäuptling sind, Hauptsache, die Dominanz-Instruktion ist erfüllt. Es kümmert sich auch nicht darum, ob wir lieber Pizza, Hamburger, Käfer oder Schlangen essen. Solange diese Speisen mit Genuss verbunden sind, erfüllen sie die Stimulanz-Instruktion.«

Einmal abgesehen von dem grundlegenden Streben nach Wohlbefinden, das unser Verhalten prägt – in der Spaßgesellschaft wird die gute Laune oft zum absoluten Muss erklärt. Steckt in der schlechten nicht auch ein Keim von nachdenklichem Widerstand?

»Nein, schlechte Laune hat, wie wir gesehen haben, aus Sicht der Evolution einen Nutzen. Und kein Mensch versetzt sich in schlechte Laune, nur um zu protestieren.«

Aber vielleicht, um etwas zu leisten. Etliche Studien belegen, dass negative Stimmungen einen anderen Denkstil bewirken als gute: Schlecht gelaunte Menschen denken genauer, analytischer und detailorientierter als gut gelaunte. Was denken Sie darüber?

»Stimmt! Man nennt das auch ›depressiven Realismus‹. Allerdings führt dieser Denkstil auch zur Risikovermeidung, wodurch wiederum die Chance für Erfolgserlebnisse verpasst wird und die schlechte Stimmung länger erhalten bleibt. Aber auch: Dadurch begibt man sich weniger in Gefahr und lebt länger.«

Was halten Sie von der Überlegung, dass schlechte Laune und ihr mimischer Ausdruck einen Überlebensvorteil darstellen?

»›Schlechte Laune‹ ist zu unspezifisch formuliert. Dahinter können verschiedenste biologische Signale stehen, die alle aus Sicht der Evolutionsbiologen Sinn machen. Oder andersherum: Wenn schlechte Laune aus Sicht der Evolution keinen Sinn machen würde, weder als soziales Signal noch als individuelle Schutz- und Abgrenzungsfunktion, dann gäbe es sie nicht.«

Welche guten Seiten können Sie der schlechten Laune abgewinnen?

»Unzufriedenheit ist der Motor zu Veränderung und Erfolg! Zufriedenheit führt eher zu Passivität.«

10. KAPITEL:

Vom Nutzen und Nachteil der Stimmungen für das Denken

»Mir geht es gut, du bist schön, wir sind gut, die Sonne scheint und der Himmel wird von geschwätzigen Schmeicheleien erhellt«, schrieb René Descartes zunächst in einer Art Partylaune, um sodann mit feiner Galligkeit die Kluft auszuloten, bei der sich gefühlte Harmonie im schönen Schein und abgründige, von Zweifel geplagte Wirklichkeit unversöhnlich gegenüberstehen. Das ist die Hälfte vom Doppelten: das Ganze. »Seit unserer Kindheit haben wir es so oft erfahren, dass wir mit Weinen und herzlichem Ton uns unsere Amme unterworfen haben und wir das, was wir wollten, bekamen. So wurden wir gefühllos überzeugt, dass die Welt ausschließlich für uns da war und dass wir auf alles einen Anspruch hatten. Davon haben die Kinder von großer Herkunft und die im Glück lebenden Kinder die größte Gelegenheit, sich zu täuschen.«

Keine Frage, wenn wir alles kriegen, was wir wollen, fehlt uns etwas – zum Beispiel das gründliche Nachdenken. Dass in der Krise Kräfte wachsen, dass sie erst auf dem Boden einer als unbefriedigend empfundenen Situation gedeihen, erfahren wir nicht nur vom wohlmeinenden Therapeuten, sondern auch ganz nebenbei aus eigenem Erleben. Vielfältige Missstimmungen haben schließlich ihr Gutes, jedenfalls im Nachhinein betrachtet: Veränderungen von Ernährungs- und Fernsehgewohnheiten, ein Wechsel des Arbeitsplatzes oder der Wohnsituation, Umbesetzungen im Freundes- und Familienkreis – notwendige Veränderungen an der Baustelle des Lebens verdanken sich einem mächtigen Impuls, der auch in der schlechten Laune den Takt angibt: »Irgendetwas ist nicht in Ordnung. Tu was!«

Emotionsforscher wie Norbert Schwarz drücken das so aus: »Eine positive Stimmungslage informiert das Individuum darüber, dass die Welt ein sicherer Ort ist, der seine momentanen Ziele nicht bedroht.« Das innere Selbst darf sich zurücklehnen, entspannt den Blick schweifen lassen und sich eins fühlen mit der Umgebung – alles im grünen Bereich. Es muss nicht aktiv werden und kann es vielleicht gerade darum so gut: Geistesblitze entladen sich eher, wenn die Laune gut ist. Anders, wenn sie schlecht ist: »Eine negative Stimmung sagt dagegen, dass die Situation problematisch ist und entweder durch ein Fehlen positiver oder eine Androhung negativer Konsequenzen charakterisiert ist«, übersetzt Norbert Schwarz das Blinken der Sensoren auf dem inneren Monitor. Die Aufmerksamkeit schwingt und schwebt nicht länger frei im Wohlwollen, sondern bündelt sich und richtet sich nach innen. Da wird sie jetzt dringend gebraucht, um die Quelle der Signale zu orten und den Störsender auszumachen.

Negative Stimmungen fördern den Selbstbezug. Wissenschaftlichen Versuchsleitern fiel auf, dass ihre Probanden in negativer Stimmung viel häufiger »ich« sagten als in positiver Stimmung.

So oder so – wir benutzen unsere momentane Stimmung als Information darüber, ob wir mit der Welt in uns drinnen und um uns herum im Reinen sind. Unsere Erkenntnisse über den gefühlten Soll- und Istzustand fließen dabei en passant in alle Urteile ein, die wir zu diesem Zeitpunkt über Ereignisse, Erlebnisse und andere Menschen bilden. Die jeweilige Stimmung informiert über die momentane Passung zwischen Person und Umwelt, sie ist ein Barometer des Ich und eine Steuereinheit dazu: Wir nehmen unsere Stimmungen zum Anlass, zwischen verschiedenen Denkstilen zu wechseln.

Für Kognitionspsychologen liegt der Fall einigermaßen klar, seit viele Studien dazu – im Kern jedenfalls – ähnlich robuste Ergebnisse gezeigt haben. Wir wechseln den Verarbeitungsmodus vom »anmutend probierhaften Vorgehen« in guter zum »rational akzentuierten Vorgehen« in schlechter Laune, sagt Andrea Abele-Brehm. Die Nürnberger Psychologin hat den Zusammenhang zwischen Stimmung und Denken in etlichen eigenen Studien erforscht.

In guter Stimmung nehmen wir es nicht so genau. Wir geben uns mit der erstbesten Erklärung zufrieden, denken eher großzügig ans Ganze und lassen die Ideen sprudeln. Wenig Vorsicht scheint geboten, Lockerheit, Intuition, Flexibilität, auch Vereinfachungen im Denken sind möglich. Entsprechend wird der Denkstil in guter Laune als lockerer, intuitiver, breiter, flüssiger, ganzheitlicher, vereinfachender und flexibler als in neutraler oder negativer Stimmung beschrieben. Gute Laune beflügelt besonders bei Aufgaben, die Einfallsreichtum und die Flüssigkeit der Ideen erfordern. Kreativen in der Werbung, Radiomoderatoren und Showmastern kommt dieser Verarbeitungsmodus zweifellos entgegen.

Aber es gibt ja auch noch andere Betätigungsfelder. Sie liegen eher in den Mühen der Niederungen als in der kreativen Gipfelstürmerei. Aufsichtspersonal an Flughäfen, Banker, die mit Bilanzen hantieren, Mathematiker, die das Geheimnis der Primzahl erkunden, ja sogar die ganz private Herausforderung, endlich die Einkommensteuererklärung hinter sich zu bringen – eine Fülle von Aufgaben erfordert einen präzisen, unabgelenkten, detailorientierten und gründlichen Denkstil, der ohne nennenswerte Einlagerungen von Kreativität zum Ziel führt.

Damit kein Missverständnis aufkommt: »Schlechte Laune macht kritischer, aber keinesfalls kreativer oder fitter, was das Lösen von Problemen angeht«, sagt Andrea Abele-Brehm. »Weniger eindeutig sind jedoch die Befunde zu Leistungsauswirkungen positiver Stimmungen bei stärker analytischen Aufgaben«, bringt Andrea Abele-Brehm den Kenntnisstand auf den Punkt. Manche Forscher vermuten eine Leistungseinbuße, andere Leistungssteigerungen.

Stilbildend wirkt also neben der guten die schlechte Laune: Eher aufs Detail orientiert, lieber logisch als lustvoll, analytisch und angestrengt denken schlecht gelaunte Menschen. Die Befundlage zu den Auswirkungen schlechter Laune auf den Denkstil insgesamt ist jedoch viel uneinheitlicher. Einige Anhaltspunkte gibt es aber.

Sehr schlechte Laune drückt die Leistung, besonders bei anspruchsvollen Denkaufgaben, weil sie die Aufmerksamkeit auf die eigene Person orientiert und von der zu erledigenden Aufgabe abzieht. Ein Kapazitätsproblem, vermuten die Wissenschaftler. Unsere Konzentrationsfähigkeit ist kein Pokal immerzu überquellender Fülle, sondern ein Gefäß endlichen Inhalts. Mies gelaunte Menschen wollen sich besser fühlen, deshalb gilt ihr Augenmerk dem emotionalen Nutzwert, und das absorbiert Energie, die bei gut gelaunten Menschen der gestellten Aufgabe zugute kommt. – Manche Menschen holen sich sogar verbrauchte Energie zurück, indem sie wütend werden: Über die »aufregende Natur des Zorns« hat Charles Darwin herausgefunden, »dass wenn man im äußersten Grade abgespannt ist, man zuweilen eingebildete Beleidigungen erfindet und sich in Leidenschaft bringt, und zwar ganz unbewusst, nur um sich selbst wieder zu kräftigen.«

Eine mäßig miese Stimmung dagegen hebt die Leistung, sofern sich ihr Opfer eine Verbesserung seiner Laune von der Erledigung einer Aufgabe verspricht. So sind gut gelaunte Menschen zwar hilfsbereiter als schlecht gelaunte, doch selbst ein schlecht gelaunter Nachbar trägt der alten Frau Lange die Einkaufstaschen in den vierten Stock, wenn er sich Hoffnungen macht, sich dadurch besser zu fühlen. Befürchtet er jedoch, durch diesen mildtätigen Akt seinen eigenen maroden Bandscheiben zu viel zuzumuten, lässt er Frau Lange japsend im ersten Stock stehen.

Schlechte Stimmungen regen uns zum Nachdenken an. Sie erscheinen uns erklärungsbedürftiger als gute: Entsprechend größer und abgestufter ist das sprachliche Repertoire für negative als für positive Stimmungen.

Andrea Abele-Brehm unterstreicht die Schalterfunktion von Gefühlen und Stimmungen. Den intuitiv-holistischen Denkstil, den die heitere Ausgeglichenheit aufrufe, könne man sich vorstellen wie ein magnetisches Feld, bei dem eine große Datenmenge parallel und ohne Hierarchisierung verarbeitet wird. Es gebe viele Querverbindungen zwischen verschiedenen Informationen. Das System sei durch große Offenheit gekennzeichnet. Wir müssen allerdings, um der Vielfalt der Erscheinungen gerecht zu werden, die Lagen wechseln können. Der sequenziell-analytische Denkstil, der aus der miesen Stimmung heraus erwachse, funktioniere »wie ein Computer, der bestimmte Routinen nacheinander und hierarchisch geordnet abarbeitet und bei dem die Aufmerksamkeit jeweils auf einen Teilaspekt des Gesamtprozesses konzentriert ist«.

Beide Denkstile können im Laufe eines einzigen Problemlösungsprozesses ansetzen, und das ist die gute Nachricht vorab. Im Falle des analytischen Denkens bei schlechter Laune besteht der Vorteil in der damit einhergehenden Einengung der Aufmerksamkeit auf eine Reaktionsalternative. Im Falle des intuitiven, ganzheitlichen Denkens in guter Stimmung gereicht uns die Fähigkeit zum Vorteil, komplexe Informationen gleichzeitig zu verarbeiten und Barrieren zu überwinden, die einer Lösung des Problems im Wege stehen.

Allerdings lässt in euphorischer Stimmung die Aufmerksamkeit nach: Entscheidungen werden oberflächlicher getroffen und beziehen weniger Details in die Bestandsaufnahme mit ein. »Man neigt dann dazu, andere Personen zu positiv einzuschätzen und bedrohliche Elemente der Situation zu übersehen«, erklärt der Psychologe Changiz Mohiyeddini, der an der Hochschule Schwäbisch-Gmünd den Einfluss der Stimmungssteuerung auf Wohlbefinden und Gesundheit erforscht. Wir sind also umfassend und von Natur aus bestens gerüstet, allen Wechselfällen des Lebens entsprechend zu begegnen, weil wir durch unsere Stimmungen über einen Schalter verfügen, der das passende Denkprogramm aufruft. Schön, dass wir die Möglichkeit haben, von Bewahren auf Verändern umzuschalten. Aber wer bedient den Schalter?

»Schlecht drauf, was?« – »Wer? Ich?«

Jedes Gefühl, jede Stimmung kann unbewusst sein – und ist es oft genug ja auch. Mannigfaltige physiologische Ungleichgewichte können am Anfang stehen, sich ausbreiten und auf den verschlungenen Pfaden zwischen limbischem System und Großhirnrinde, zwischen Mandelkern und Präfrontallappen unterwegs sein, ohne dass die Kommandozentrale im Großhirn davon Kenntnis gewinnt. Sie vagabundieren im Niemandsland, irgendwo über der Nachweisgrenze, aber unter der Wahrnehmungsschwelle, und sind längst schon da, bevor sie bewusst werden. Was unterhalb des Bewusstseins schwärt und schwelt, kann unsere Wahrnehmung und Reaktion beeinflussen, auch wenn wir von ihrem Wirken nichts ahnen. Erst in dem Moment, in dem ein Gefühl oder eine Stimmung ins Bewusstsein tritt, wird sie im frontalen Kortex registriert.

Daniel Goleman hat die Witterung der Bestie aufgenommen und beschreibt einen Prototyp der schlechten Laune so: »Jemand hat beispielsweise am Morgen einen heftigen Zusammenstoß erlebt und ist danach stundenlang gereizter Stimmung, nimmt Dinge, die gar nicht so gemeint waren, krumm und schnauzt grundlos die Leute an. Es kann durchaus sein, dass er von seiner anhaltenden Gereiztheit nichts weiß und überrascht ist, wenn man ihn darauf aufmerksam macht, obwohl sie dicht unterhalb seiner Wahrnehmungsschwelle am Brodeln ist und seine schroffen Reaktionen diktiert. Ist diese Reaktion ihm aber bewusst geworden, so kann er die Dinge einer neuen Bewertung unterziehen, sich entschließen, über die vom Morgen zurückgebliebenen Gefühle achselzuckend hinwegzugehen und seine Einstellung und Stimmung zu ändern.« Das sagt sich so leicht.

Sicher können die Reaktionen anderer uns Hinweise darauf liefern, dass unsere eigene Stimmung der Korrektur bedarf. Aber warum bedanken wir uns dann nicht, wundersam erleichtert, wenn wir von anderen darauf hingewiesen werden, dass wir verdammt noch mal schon den ganzen Tag schlechte Laune verbreiten? Warum machen wir uns nicht unverzüglich daran, zu überlegen, was wir seit dem Aufstehen gefühlt, getan und gegessen haben und wie dieses Verhalten auf andere gewirkt haben könnte, um schlussendlich einzuräumen, dass wir tatsächlich schlechter Stimmung waren – und im Übrigen immer noch sind? Stattdessen bellen wir zurück: »Schlecht drauf? Wer? Ich?« Und wenn das immer noch nicht reicht, hängen wir knurrend ein »Mensch, lass mich bloß in Ruhe!« dran. Das wirkt. Schon haben wir den hilfreichen Mitmenschen effizient abgewehrt, der im Gehen frech noch einen Schluck Öl ins Feuer gießt: »O je. Du bist ja wirklich schlecht drauf.« Und schon ist sie vorbei, die Gelegenheit zu sinnender Introspektion, die allein hätte verbürgen können, dass wir uns aus den Fängen der Miesepetrigkeit befreien und auch unsere Außenwirkung als Ekelpaket, Kotzbrocken, Streithammel und Launenschwein korrigieren. Zu spät. Die Tür ist längst ins Schloss gefallen. Doch der Schlüssel hat sich nicht umgedreht.

Das Fundament der Frage, warum wir fühlen, wie wir fühlen, ist gelegt. Ganz ähnlich wie bei den Gefühlen kommen wir auch unseren Stimmungen auf die Schliche, wenn wir uns entschließen, sie zur Kenntnis zu nehmen. Emotionen wahrzunehmen und sie ändern zu wollen sind zwar zwei verschiedene Dinge, aber beide gehen praktisch Hand in Hand: Eine miese Stimmung erkennen heißt, sie loswerden zu wollen. Ganz ähnlich wie Gefühle lassen sich auch Stimmungen domestizieren, wenn man weiß, wie sie funktionieren.

Wenn wir unsere streitenden Sprösslinge anschreien: »Hört sofort damit auf!«, tun sie das bestenfalls sogar. Doch der Zorn ist nicht verraucht. Die Gefühle von beiden bleiben auf den Auslöser des Zorns fixiert: »Aber er hat angefangen.« – »Nein, ich habe gar nichts gemacht. Er war´s.«. So hält der Zorn unvermindert an. Achtsamkeit hingegen, die neutrale Beobachterposition, die wahrnimmt, ohne zu werten, lenkt die Aufmerksamkeit auf das Gefühl selbst um. Sie wirkt stärker auf negative Gefühle ein als das Verbot: Das Erkennen: »Es ist Zorn, was ich empfinde«, führt ins Offene – und damit zu der Möglichkeit, auf den Zorn einzuwirken und ihn sogar loszuwerden. Ähnlich bei Stimmungen: Die Erkenntnis, richtig schlechte Laune zu haben, kann der erste Schritt zur Besserung sein: das Geschehen wahrzunehmen, anstatt darin verfangen und verloren zu sein. So nimmt das Großhirn sein Segel aus dem Wind, den der Mandelkern veranstaltet, und korrigiert die Kursabweichung.

»Diese geringfügige Verschiebung der mentalen Aktivität beruht wahrscheinlich darauf, dass neokortikale Schaltungen aktiv die Emotion beobachten«, vermutet Daniel Goleman, »ein erster Schritt zur Erlangung einer gewissen Kontrolle.« Kurz: Uns sowohl unserer Stimmung als auch unserer Gedanken über diese Stimmung bewusst zu werden, sollte, so Goleman, das Ziel sein. »Wendet sich die Aufmerksamkeit dem Gefühl selbst zu, will sie es analysieren und erklären, dann zerstört sie es. Richtet sie sich hingegen auf das gefühlserregende Objekt, dann verstärkt sie es«, erkennt auch der deutsche Emotionsforscher Norbert Schwarz.

Doch hat nicht die Stimmung als »ungegliedertes, atmosphärisches Zustandserleben« gerade kein Objekt? Genau deshalb bewirkt sie ja auch kein spezielles Verhalten, das sich auf die Ursache bezieht. Allerdings sucht sie sich im Allgemeinen eines, an dem sie sich entladen kann – die berühmte Fliege an der Wand. Echte schlechte Laune fällt auf sich selbst zurück, wenn das Bewusstsein ein bisschen nachhilft. Die Wahrnehmung der schlechten Laune an sich legt bereits ein Gegenfeuer: Sie macht sich selbst zum Objekt der Erkenntnis.

Der analytische Denkstil ist dabei außerordentlich hilfreich: Wenn eine unangenehme Stimmung uns mitteilt, dass wir unsere momentane Situation nicht mögen, motiviert uns diese Erkenntnis sehr wahrscheinlich dazu, die konkrete Ursache für unser Unbehagen ausfindig zu machen und über Gegenmittel nachzudenken. Entsprechend sagt uns eine angenehme Stimmung, dass wir im Großen und Ganzen alles richtig gemacht haben und nicht weiter über unsere Situation nachdenken müssen.

Dass wir kaum Einfluss darauf haben, wann uns eine Emotion ergreift – uns entweder als zielgerichtetes Gefühl packt oder als diffuse Stimmung beutelt –, und dass wir auch kaum bestimmen können, welcher Art diese Emotion ist, verdanken wir dem gewachsenen Aufbau unseres Gehirns. Die Richtlinienkompetenz hat jedenfalls die Chefetage in der Großhirnrinde. Es liegt in der Natur kontrollierter Prozesse, dass sie flexibel sind.

Gute Gründe für schlechte Laune

Unter bestimmten Umständen versuchen Menschen, ihre unangenehme Stimmung aufrechtzuerhalten. Der amerikanische Psychologe Brian Parkinson erkennt verschiedene durchaus ehrenwerte Motive, die sozialer wie nichtsozialer Natur sein können: Der Wunsch, sich sozial angemessen zu verhalten, bringt uns dazu, als Trauergast auf einer Beerdigungsfeier ein betrübtes Gesicht aufzusetzen, auch wenn wir an diesem Tag eigentlich bester Dinge sind. Manche Lehrer schwören auch heute noch auf die segensreiche Wirkung wohl dosierter Strenge: dass es für die Leistung zu Zeiten förderlicher sei, die rechte Stimmung zu schaffen, als mit dem Schüler irgendwelche Operationen einzuüben. Auch die Absicht, sich besser auf eine bestimmte Aufgabe zu konzentrieren und sich nicht ablenken zu lassen, macht schlechte Laune manchmal produktiv. Umwerfend gut gelaunte Menschen haben manchmal Schuldgefühle, weil sie glauben, kein Recht auf so viel Glück zu haben, und drosseln deswegen ihr Strahlen. Auch das Bedürfnis, sich in das Leid der anderen einzufühlen, lässt hin und wieder ein Lächeln ersterben. Wer eine knifflige Rechenaufgabe lösen muss, kann seine analytische Denkfähigkeit durchaus steigern – mit einer Prise schlechter Laune.

Sportwissenschaftler haben festgestellt, dass eine positive Stimmung unter bestimmten Bedingungen mit schlechteren Leistungen einhergeht. Bei Boxern leuchtet das unmittelbar ein. Die Geschichte der Menschheit wäre um einen glanzvollen Höhepunkt ärmer, wenn Muhammad Ali und George Foreman einander hochgestimmt mit herzlichem Händedruck und offenem Lächeln begrüßt hätten, statt sich einen legendären Kampf zu liefern. Glücklicherweise ließ eine sorgsam einstudierte schlechte Laune die Fäuste erst so richtig fliegen. »Ich werde ihn fertigmachen. Ich werde ihn verkloppen. Den Trottel werde ich zerstören. Ich bin gefährlich, Mann. Ich habe mit einem Alligator gerungen, mit einem Wal gerangelt, dem Blitz Handschellen angelegt, ich bin so fies, dass ich die Medizin krank mache.« Mit diesen Sätzen zitiert Guillaume Paoli in seinem Vortrag »Lasst euch nicht gehen« den Boxer Muhammad Ali aus dem Film ›When we were Kings‹, der die Vorbereitungen auf den großen Kampf dokumentiert.

Auch Gewichtheber seien am besten, wenn sie neutral oder leicht negativ gestimmt sind, berichtete Thomas Saum-Aldehoff in der Zeitschrift ›Psychologie Heute‹. Dagegen konterte Wolfgang Neß von der Kommission Gesundheit der deutschen Vereinigung für Sportwissenschaften in einem Leserbrief: »Ihre global wirkende Aussage, dass Sportler am besten in leicht negativer Stimmung sein sollen, kann nach unseren Forschungsergebnissen nicht verallgemeinert werden.« Schon gar nicht dürfe man solch eine Aussage vom Hochleistungssport auf den Breitensport übertragen. Die bessere Performance bei schlechterer Stimmung gelte nur für Leistungssportler.

Aber auch da nicht für alle gleichermaßen: Die meisten der professionellen Kricketspieler, deren Leistung und Stimmung während eines Championspiels Peter Totterdell von der Universität Sheffield untersuchte, spielten tatsächlich besser, weil sie sich fröhlich, energischer und besser gelaunt fühlten. Einige aber waren leistungsfähiger, obwohl sie sich, wie sie angaben, angespannt und leicht missmutig fühlten. »Ein und dieselbe Stimmung kann die Leistung verbessern oder behindern«, fasst Peter Totterdell seine Ergebnisse zusammen, »es kommt auf das Individuum an.«

Und noch etwas zu Sport und Stimmung: Ganz offenkundig haben verschiedene Sportarten unterschiedliche Einflüsse auf die Stimmung: »Angemessene sportliche Aktivität sorgt nachweisbar für eine Stimmungssteigerung; Personen mit negativer Stimmung profitieren in höherem Maße vom Sport als Personen mit bereits vorhandener gehobener Stimmung; wettkampforientierter Sport sorgt für kurzfristige Stimmungsschwankungen und nicht wettkampforientierter Sport wie Jogging, Walking, Entspannung, Fitness und Wellness für Stimmungsberuhigung«, schreibt Wolfgang Neß dazu.

Das Figur-Hintergrund-Phänomen

Nichts gegen eine gepflegte schlechte Laune. Kommen wir nicht alle besser durch den kalten Nieselregen, wenn wir uns versichern, dass wir bei diesem Dreckwetter gar keine gute Laune haben können? Überstehen wir nicht den ersten Arbeitstag der Woche leichter, weil wir uns sagen, Montage sind Misttage? Und das, obwohl psychologische Untersuchungen längst belegt haben, dass es uns an allen Tagen der Woche gleich gut oder schlecht gehen kann und der vermeintlich miese Montag nur ein Mythos ist? Ausreden sind ausdrücklich erlaubt. Ursachenforschung ist etwas anderes.

Wenn wir einen atmosphärisch diffusen Stimmungszustand stromaufwärts zur Quelle hin verfolgen, kehren wir die Figur-Hintergrund-Anordnung um, mit der Gestaltpsychologen das Verhältnis zwischen Stimmung und Gefühl vergleichen. Da Stimmungen nicht auf ein bestimmtes Objekt gerichtet sind, sondern atmosphärisch diffus bleiben, stehen sie nicht im Zentrum der Aufmerksamkeit, sind also keine Figur-, sondern Hintergrundphänomene. »Aber diese Annahme der Umkehrbarkeit des Figur-Hintergrund-Verhältnisses impliziert, dass Stimmungen Figurphänomene werden können, wenn sie ins Zentrum der Aufmerksamkeit geraten«, sagt Andrea Abele-Brehm.

Stimmungen beeinflussen aus dem Hintergrund, wie Informationen aufgenommen, aber auch wie sie verarbeitet werden. Wenn sie jedoch selbst im Fokus der Aufmerksamkeit stehen, verlieren sie ihren Einfluss. So berichten schlecht gelaunte Versuchspersonen eine insgesamt geringere Lebenszufriedenheit als gut gelaunte. Wird im Versuch dann die schlechte Laune angesprochen, unterscheiden sich beide Gruppen in der Einschätzung ihrer Lebenszufriedenheit überhaupt nicht mehr. Dasselbe Bild ergeben Studien, in denen positiv oder negativ gestimmte Probanden um eine Einschätzung der Wahrscheinlichkeit bestimmter Risiken gebeten wurden. Schlechte Laune lässt Risiken überschätzen, gute Laune führt zur Unterschätzung. Sobald im nächsten Durchgang die Versuchspersonen angeregt wurden, sich über ihre Stimmung klar zu werden, verschwanden die unterschiedlichen Einschätzungen weitgehend.

Der Grad, in dem wir uns unserer augenblicklichen Stimmung bewusst sind, wirkt sich auf den Einfluss aus, den sie auf unser Denken, Fühlen und Handeln besitzt. Je bewusster die Stimmung, desto kontrollierter in ihren Auswirkungen. »Negative Stimmung führt nur dann zur negativen Beurteilung, wenn sie nicht als solche angesprochen wird«, fasst Andrea Abele-Brehm zusammen.

Die rosarote Brille aufsetzen oder im Trüben fischen?

Knoten im neuronalen Netzwerk sind schuld, wenn uns bevorzugt ärgerliche Ereignisse, ängstigende Situationen oder ähnliche negative Erfahrungen einfallen, wenn wir in schlechter Stimmung sind. Diese Erinnerungen ziehen uns dann erst recht runter. Dieser zentrale Befund über die assoziative Funktionsweise des ganz persönlichen Gedächtnisses ist solide erforscht und hat ein plausibles Modell zur Erklärung des Zusammenhangs zwischen Stimmung und Gedächtnis, Gedanken und Gefühlen hervorgebracht.

Jede Stimmung ist durch einen Knoten im Netzwerk repräsentiert, der durch Pfade mit weiteren Knoten verbunden ist, die semantisches oder episodisches Wissen repräsentieren, das für die jeweilige Stimmung relevant ist. Ton in Ton ist erstes Gestaltprinzip: Versuchspersonen in guter Stimmung identifizieren sich eher mit dem glücklichen Protagonisten eines Films, diejenigen in schlechter Stimmung mit dem unglücklichen, beschreibt Norbert Schwarz ein Versuchsergebnis, das in vielen anderen Studien abgesichert werden konnte. Stimmungen suchen sich im Fundus des Gedächtnisses etwas aus, das zu ihnen passt. Schlecht gelaunte Menschen sind daher mit dem eigenen Gesundheitszustand weniger zufrieden, trauen sich selbst weniger zu, sind pessimistischer und weniger hilfsbereit als neutral oder gut gelaunte Menschen. Viele Studien haben seither Stimmungskongruenzeffekte auf die Wahrnehmung, das Gedächtnis und die Urteilsbildung bewiesen.

Doch darüber hinaus beherrschen große individuelle Unterschiede das Feld. Wer seine Stimmung für unkontrollierbar hält, schätzt auch sich selbst als unglücklichen Menschen ein. »Ein niedriges Selbstwertgefühl geht einher mit größeren Problemen, sich von unangenehmen Stimmungen zu lösen«, bemerkt Parkinson, und als ob das nicht schon genügte, setzt er hinzu, dass »auch umgekehrt eine hohe Selbsteinschätzung mit der Neigung zu stimmungsinkongruenten Erinnerungen einhergeht«.

Schlaue Stimmungsstrategen reißen früh das Steuer herum: Sie parieren das ärgerliche Ereignis des früh klingelnden Weckers, indem sie an die reizvolle Verabredung nach Büroschluss denken. Sie rasseln mit dem Lebensgefährten in der Küche zusammen – doch schon einige Momente darauf befassen sie sich mit der Erinnerung an den schönen Urlaub. Haben sie eine Zurückweisung hinzunehmen, eine Niederlage erlitten, einen Schlag einstecken müssen, lecken sie nicht ihre Wunden oder baden in Selbstmitleid, sondern konzentrieren sich gezielt auf ihre eigenen Stärken oder wenden die Situation elegant ins Erträgliche (»Wer ist eigentlich Paul?«). Sie sind die reinsten Stehaufmännchen. In Wahrheit sind sie selten.

Machen Sie etwas aus Ihrem Typ!

Ablenken, ausweinen, zerstreuen oder Sport treiben, sich aufheitern lassen, baden, essen, Musik hören, Einkaufen gehen, kleine Erfolge einfädeln oder Sex haben, die Dinge in neuem Licht betrachten oder sich in gemeinnützige Tätigkeiten stürzen, sogar beten – das alles und noch viel mehr lassen Menschen sich einfallen, um schlechte Laune abzuschütteln. Nur dass wir geborene Hedonisten sind, die positive Seelenlagen suchen und negative meiden, hat die psychologische Forschung stets ungefragt vorausgesetzt. Das Leben weiß es besser. Und auch wir wissen nunmehr: Die Stimmung eines Menschen beeinflusst sein Denken, sein Urteilen und sein Handeln. Gebongt. Aber wie kann man die Stimmung beeinflussen?

Menschen legen charakteristische Stile des Umgangs mit den eigenen Emotionen an den Tag. Das mag banal klingen, kann aber dem schlecht gelaunten Zeitgenossen mehr über sich verraten, als er sich je hat träumen lassen. Und er befindet sich in guter Gesellschaft: Die meisten Menschen glauben, dass sie auf ihre Stimmungen keinen Einfluss haben.

Abgesehen von den seltenen Fällen »vorsätzlicher Kultivierung einer unangenehmen Stimmung klagen fast alle, ihren Stimmungen ausgeliefert zu sein«, zeichnet Daniel Goleman das düstere Bild. Er bezieht sich dabei auf das Manuskript seines Fachkollegen John Mayer von der Universität New Hampshire, der die Theorie emotionaler Intelligenz entworfen hat. In der grauen Masse der missgestimmten Menschen unterscheidet er die Achtsamen, die Überwältigten und die Hinnehmenden.

Achtsam nehmen manche Menschen ihre eigenen Stimmungen wahr und legen dabei eine gewisse Kultiviertheit an den Tag. Nicht selten geht die Klarheit über ihre Emotionen mit gewissen anderen Persönlichkeitsmerkmalen einher. »Sie sind autonom und ihrer eigenen Grenzen bewusst, seelisch gesund und haben meistens eine positive Lebenseinstellung.« Auch diese Menschen geraten einmal in schlechte Stimmung – jedoch nie für lange. Sie beherrschen den Zaubertrick des Gedankenstopps, lassen sich nicht zu Grübeleien hinreißen und quälen sich nicht mit der Gesamtschau auf verpasste Gelegenheiten, falsche Entscheidungen und persönliche Unzulänglichkeiten. Sie fressen nichts in sich hinein, sondern suchen soziale Tuchfühlung, wenn sie mies drauf sind.

Mögliche Stimmungstiefs umfahren die Achtsamen großräumig, wenn es aber doch einmal so weit kommt, deuten sie das Ereignis so lange um, bis es nicht mehr wehtut und freiwillig seine guten Seiten offenbart. Statt sich zu der Klage hinreißen zu lassen: »Nun, da du fort bist, erscheint mir alles trübe«, zucken sie nur die Schultern: »Na und, andere Mütter haben auch schöne Söhne.« Dass es keine Fehler, sondern nur Erfahrungen gibt, gehört zur Basisausstattung ihrer Ansichten. Niemals würden sie sich zum Sklaven ihrer Stimmungen machen so wie die Überwältigten.

Denn die haben die Übersicht längst verloren. Sprunghafte, starke Stimmungswechsel haben sie fest am Wickel und heften sich an die lose Abfolge ärgerlicher Ereignisse wie die Ursache an die Erscheinung. Weil sie nicht sonderlich auf ihre Gefühle Acht geben, verlieren sie sich in ihnen, glaubt Daniel Goleman. Sie treiben im schäumenden Fluss der Gefühle über Stromschnellen und Wasserfälle; auf der Fahrt über den Katarakt der Launen kentert der kleine Nachen der Ausgeglichenheit. Seine unglücklichen Passagiere werden augenblicklich von einer kalten Unterströmung schlechter Laune weggerissen und kommen erst nach mehreren Flussmeilen Drift wieder ans Ufer.

Kein Wunder, dass die Überwältigten überzeugt davon sind, ihr Gefühlsleben nicht beeinflussen zu können. Dazu müssten sie aus dem Hauptstrom herausfinden können und den Treidelpfad am Ufer beschreiten, von dem aus sie das Geschehen beobachten könnten, ohne darin unterzugehen – die grundlegende emotionale Kompetenz der Achtsamkeit.

Bloßes Hinnehmen der Stimmungen, so wie es die dritte Gruppe charakterisiert, reicht allein auch nicht. Menschen dieses Typs sind sich über ihre Stimmungen meistens im Klaren, neigen aber dazu, ihre Erkenntnisse auf sich beruhen zu lassen und nicht zu versuchen, ihre Stimmungen zu ändern. Entweder sind sie sowieso gut gelaunt und wollen das auch bleiben oder sie nehmen gottergeben hin, was immer da kommt. Dabei können sie beträchtlich leiden – ein Muster, in dem Daniel Goleman das depressiver Menschen wiedererkennt, die sich resigniert mit ihrer Verzweiflung abgefunden haben.

Doch jenseits klinischer Auffälligkeit mit Behandlungsbedarf gibt es auch noch Menschen, die von ihrer miesen Stimmung nicht so ohne weiteres lassen wollen. »Sie steuern den negativen Stimmungspol regelrecht an«, stellt Thomas Saum-Aldehoff fest, »aber warum nur?« Der Psychologe Changiz Mohiyeddini hat herausgefunden, dass manche Menschen, die ihre belastenden Stimmungen noch steigern, dies meist nicht bewusst, sondern automatisch tun. Vielleicht sind sie Opfer der Stimmungskongruenz. »Wenn es diesen Menschen schlecht geht, werden negative Gedächtnisinhalte aktiviert.« Plötzlich falle ihnen alles ein, was in der Vergangenheit schief gelaufen ist. Und das sei immer eine Menge. Jedenfalls wird das Ergebnis hochgerechnet in die Zukunft, und unter dem Strich erscheint dann der Worst Case noch als das Beste, mit dem man rechnen kann.

»Möglicherweise fällt manchen Menschen das Bewältigen schlechter Stimmungen leichter, wenn die emotionale Tönung der inneren und der äußeren Welt nicht auseinander klafft, sondern übereinstimmt«, überlegt Mohiyeddini. In trauriger Stimmung nach traurigen Reizen suchen, das bedeute ja auch, einen harmonischen Zustand anzustreben. »Sie möchten, dass sich ihre Umgebung nicht in Dissonanz, sondern in Einklang mit ihrem Gefühlsleben befindet«, schreibt Thomas Saum-Aldehoff. »Sie wünschen sich, dass sich ihr Inneres im Äußeren spiegelt. Das macht es für sie leichter.« Dazu sind die Stimmungen schließlich da: einen Gleichgewichtszustand zwischen Ich und Welt herzustellen, selbst wenn er prekär im negativen Bereich balanciert.

11. KAPITEL:

Stimmungen in der Wirtschaft oder Kalkül mit Gefühl

»Merrill Lynch trübt die Stimmung, Korea verliert und die Auslandsschulden sind weiter angestiegen«, klagt das Fachblatt ›Börsenreport‹ und setzt maliziös hinzu, »so war man heute nicht bereit, in schlechten Nachrichten Gutes zu sehen.« Zurück zum Parkett: »Im Halbleiterbereich war nach der miesen Laune, die Merrill Lynch verbreitet hatte, niemand mehr in Kauflaune.« Schlechte Laune zieht ihre Kreise. »Die Reduzierung der Umsatzprognose bei Intel, die prompte Herabstufung des Titels durch das Brokerhaus Merrill Lynch von ›strong buy‹ auf ›neutral‹ und die Tatsache, dass die Semiconductor Industry Association gestern die Wachstumsaussichten für die Chipindustrie für dieses Jahr um beinahe die Hälfte gekürzt hat, waren heute wahrlich Grund genug für schlechte Laune.« Es kommt kurz darauf unweigerlich zum Äußersten: »Hongkong geht gesenkten Hauptes ins Wochenende.«

Marktberichte, Börsennotizen und stündlich aktualisierte Bulletins über die Zuckungen der Fieberkurve von DAX, Dow Jones, Nikkei und Hangseng-Index in Hongkong künden von Missstimmungen in den Wirtschaften der Welt. Ein Gespenst geht um auf dem Globus, es ist das Gespenst der schlechten Laune.

Wirtschaftlich gesehen ist ein Stimmungstief zunächst nicht mehr als das pure Gegenteil eines Leistungshochs, und es birgt für unser aller Portemonnaies und Portfolios erhebliche Risiken. Die Nebenwirkungen sind bekannt: Konsumflaute, Umsatzminus und nach unten korrigierte Gewinnerwartungen bei steigenden Lebenshaltungskosten, beträchtlichen Einkommenseinbußen und schwindender Arbeitsplatzsicherheit. Und so hängt der Frowny als virtuelles Symbol der Missgestimmten wie ein trauriger Mond über den Handelsplätzen, Produktionsstätten und Shoppingmalls der Welt.

Wo ökonomische Zusammenhänge und ihre politischen Weiterungen nicht mehr ohne weiteres für jedermann ersichtlich sind, ein Bodensatz wirtschaftlicher Grundkenntnisse Überzeugungen nicht mehr trägt, die Linien zwischen Ursachen und Wirkungen nicht mehr gerade verlaufen, sondern sich ins unübersichtlich Multikausale verkleckern, um dann in Gestalt ebenso einsamer wie undurchschaubarer und selbstherrlicher politischer Entscheidungen plötzlich wieder ans Licht zu schießen, wird die strategische Stimmungspflege von interessierter Seite zum Gebot der Stunde. Was will man auch sonst tun? Regierende und Regierte haben den Boden nachprüfbarer Tatsachen, begründeter Entscheidungen und geteilter Überzeugung längst verlassen – man trifft in stimmungsvoller Atmosphäre aufeinander.

Nicht die Krise, sondern ihre gefühlte Temperatur steht zur Bearbeitung an: Bahn frei für die Stimmung. »Wie durch das Mauerwerk eines unerschütterlichen, ausgestorbenen Baues zuletzt die schwachen Pflanzen, Moose sich ihre Bahn brechen, dringt hier, die Fugen einer unerschütterlichen Haltung sprengend, das Gefühl«, beschreibt Walter Benjamin den delikaten Auflösungsprozess, in dem das schwache Pflanzwerk der Stimmungen mächtige Wirkungen entfaltet. »Jedenfalls vermögen sie in ihrer rhizomatischen Ausbreitung das Mauerwerk der Haltungen und Geltungen so zu durchdringen und zu überwinden, dass sie schließlich sogar die Regie über eine Lebensperiode übernehmen.«

Wenn in Presse und Rundfunk immer häufiger von »Krise, Krise, Krise« die Rede ist, glauben am Ende noch mehr Menschen ans Siechtum der Konjunktur. Mit der Werbekampagne »Deutschland packt´s an« versuchen Medienmacher und Konzernchefs deshalb, den Konjunkturaufschwung herbeizureden. Sie machen Stimmung: Auf Plakaten, in Fernsehspots und Zeitungsannoncen sind Prominente, Bankchefs und Konzernlenker neben kleinen schwarz-rot-goldenen Fähnchen zu sehen, und sie rufen uns zu: »Seid patriotisch, Deutsche! Seid endlich fröhlich! Wenn ihr aufhört, euch in Selbstmitleid und Depression zu aalen, wenn die Nation aus dem Stimmungstief herauskommt – dann ist auch die Wirtschaftskrise Geschichte«, so übersetzt der Journalist Matthias Streitz die Botschaft und weiter: »Schlechte Laune ist Deutschlands gravierendster Standortnachteil.«

Dass die Stimmung in Deutschland schlechter sei als die Fakten, glauben die Kampagnisten. Und so soll »Deutschland packt´s an« den Aufschwung mit knackigen Sentenzen herbeireden. Die Kreativen der Werbebranche berufen sich darauf, dass jeder Aufschwung »erfahrungsgemäß zu fünfzig Prozent durch Emotionen bedingt ist«, schreibt Matthias Streitz. Genaueres erfahre man nicht. Doch die Anpacker beriefen sich immer wieder auf Ludwig Erhard, der Anfang der fünfziger Jahre motivierende Smiley-Plakate an zerbombten Häusern aufhängen ließ. »Und, hoppla, prompt war der millionste VW-Käfer verkauft.«

Lasten Launen auf unserer Wirtschaft?

Die volkswirtschaftlichen Kosten schlechter Laune scheinen immens zu sein. In Wahrheit sind sie schwer zu beziffern. Schlechte Laune funktioniert wie ein Platzhalter für vielfältige Schieflagen, Versäumnisse und geplatzte Erwartungen. Die destruktiven Auswirkungen mieser Stimmungen am Arbeitsplatz kann man nur erahnen. Frustrierte Mitarbeiter, blasierte Chefs und ein Kollegenteam, das keines ist, weil es aus Fressfeinden besteht, die morgens jede Beißhemmung ablegen, sind prominente Beispiele für vielfältige emotionale Mangellagen am Arbeitsplatz. Das drückt zweifellos die Produktivität und zeichnet ein Menetekel an so manche Betriebswand, an dem man die Kosten gewaltig hochrechnen könnte: Fehler, Pleiten und Pannen, verpasste Liefertermine und verpatzte Akquisitionen, der frei flottierende Wechsel von Lohn- und Gehaltsempfängern in zuträglichere Klimazonen anderer Betriebe sind Erscheinungen, die gut auf grassierende schlechte Laune zurückzuführen sein könnten.

Die Grenzen zur echten, diagnostizierbaren Depression sind fließend. Immer mehr Berufstätige, darunter besonders Frauen, erkranken an Depressionen, depressiven Verstimmungen und neurotischen Störungen. »Die Zahl der Tage, an denen es Menschen wegen Depression oder Angstzuständen nicht zur Arbeit schafften, ist zwischen 1997 und 2001 um 51 Prozent gestiegen«, notiert der aktuelle Gesundheitsreport der Deutschen Angestellten Krankenkasse. Das ist kein Standortnachteil, unter dem nur Deutschland leidet. Die Weltgesundheitsorganisation hat bereits in einem Bericht aus dem Jahr 2000 einen drastischen Anstieg dieser Krankheiten vorhergesagt. Spitzenreiter sind die Gesundheitsberufe: Ärzte, Pfleger und Krankenschwestern sind besonders anfällig für das so genannte Burnout-Syndrom – hinter dem sich möglicherweise nichts anderes als die schlechte Laune aus Überforderung verbirgt?

Die Kostenwirksamkeit der miesen Stimmung im produzierenden Sektor ist eine für die Wirtschaft relativ neue Idee. Anders für ihren werbenden Zweig: Den Einfluss der Stimmungen auf Werbewirkungen erkundeten bereits einige sehr sachdienliche Untersuchungen.

Zwar mehren sich Hinweise, dass die Kauflaune in Wahrheit eine gute ist, es gibt aber auch starke Indizien für den gegenteiligen Zusammenhang. Ist der schlecht gelaunte Mensch »ein lausiger Konsument, der höchstwahrscheinlich noch nicht mal mitkriegt, was musik- oder modemäßig in ist?«, fragt die Kölner Journalistin Hannelore Hippe in einem Artikel der Zeitschrift ›Psychologie Heute‹. Sie beschreibt allerdings den Typus des Melancholikers, der in unserer Spaßgesellschaft als kaschierter Fremdkörper – undercover quasi – mitten unter uns lebe. Doch die Phantombilder beider Zustände weisen verwandte Züge auf: Melancholiker sind ebenso wie Schlechtgelaunte nicht vermarktbar.

Was machen diese Menschen in den Ferien? »Kein melancholischer Mensch will ernsthaft animiert werden, und er braucht das auch nicht.« Dasselbe lässt sich von dem mies Gestimmten behaupten, wie jeder bestätigen kann, der schon einmal versucht hat, einen schlecht gelaunten Menschen zu einem Discobesuch zu überreden. Negative Stimmungen stiften kaum Gemeinschaft, im Gegenteil, sie werfen den Menschen auf sich selbst zurück. »Das Unglück macht den Menschen einsam und hypochondrisch«, notiert der Dichter Eduard Mörike, »er zieht den Zaun dann gern so knapp wie möglich um sein Häuschen.«

Gedrückte Stimmungen sind nicht schöpferisch, sie brächten von sich aus keine neuen Verhältnisse hervor, beschreibt der Philosoph Otto Friedrich Bollnow ein hervorstechendes Merkmal, allerdings: »Indem sie an allen bestehenden Verhältnissen rütteln und sie fragwürdig zu machen suchen, scheiden sie das Echte von dem Unechten und haben insofern wieder eine nicht minder wichtige Lebensbedeutung als die aufbauenden gehobenen Stimmungen.«

Melancholiker, Schlechtgelaunte und Depressive haben also etwas gemeinsam, das sie allenfalls graduell, nicht prinzipiell voneinander unterscheidet: ». . . eine tief schmerzliche Verstimmung, eine Aufhebung des Interesses für die Außenwelt durch den Verlust der Liebesfähigkeit, durch die Hemmung jeder Leistung und die Herabsetzung des Selbstwertgefühls, die sich in Selbstvorwürfen und Selbstbeschimpfungen äußert und sich bis zur wahnhaften Erwartung von Strafe steigert.« Das schreibt Sigmund Freud in seinem Aufsatz ›Trauer und Melancholie‹ über einen auffälligen Wesenszug von Menschen, die im depressiven, melancholischen Stimmungstief verharren. Aber auch durchreisende Passagiere erleben dort milde Formen klinischer Verzweiflung.

Nach Kauflust oder einer inneren Bereitschaft zum gut gelaunten Genuss klingt das eher nicht. Andererseits behauptet der kompensatorische Konsum einen soliden Ruf als Gegenmittel ersten Ranges, um neue Farbe in eine triste Stimmung zu bringen. Das Einkaufen überhaupt – und sei es nur ein Schaufensterbummel – ist als Strategie gegen den Trübsinn gut dokumentiert. Besonders Frauen sollen sie neben dem Verspeisen verschiedener Kalorienbomben häufig anwenden, während Männer statt zu Kreditkarte und Kuchen eher zum Kognac greifen, um sich über eine schlechte Stimmung hinwegzuhelfen.

Beide Verhaltensweisen und noch viele andere mehr, zu denen wir neigen, um uns rasch ein bisschen aufzumuntern, könnten durchaus geeignet sein, die Wirtschaft anzukurbeln. Einkaufen vertreibt die miese Stimmung. Und schlechte Laune ist ein alltägliches Gefühl, an dem zahllose Männer und Frauen leiden – zu unauffällig, um medizinischer Behandlung zu bedürfen, aber doch bisweilen von zermürbender Hartnäckigkeit.

If you feel bad, do it!

Launig überschreiben die amerikanischen Psychologen Dianne Tice, Ellen Bratslavsky und Roy Baumeister ihren Forschungsbericht, der sich der Frage widmet, warum die Selbstbeherrschung immer schon angezehrt ist, wenn emotionaler Stress sich aufbaut, und der beste Vorsatz endgültig k.o. geht, wenn der Stress zuschlägt. Aus diesen Gründen enden Diäten und Versuche, das Rauchen aufzugeben. Aber auch wenn vergnügliche Unternehmungen von der Arbeit ablenken, ist ein tückischer Mechanismus am Werk: Kurzfristige Affektregulierung siegt über andere langfristige Ziele im Bereich der Selbstkontrolle.

Wenn der innere Schweinehund an der Kette reißt, gehen das Konzept der verzögerten Belohnung und die Fähigkeit, kurzfristige Profite zugunsten größerer Gewinne auf lange Sicht tunlichst zu übersehen – was uns ja als lebenslanges Lernen aufgegeben ist – bald flöten. Emotionaler Stress verschiebt die Prioritäten zugunsten kurzfristig erhältlicher Freuden.

Wenn Menschen sich schlecht fühlen, wollen sie sich besser fühlen – und zwar augenblicklich. Auf der Suche nach einer Quelle guter Gefühle werden sie unmittelbar fündig, denn das Angebot ist groß: Alkohol, Drogen, kalorienreiches Essen, extravaganter Sex, kostspielige Ausflüge und Zeit raubende Computerspiele, exzessives Einkaufen stehen als Mittel zur Stimmungsaufbesserung bereit. Die eher banale Erkenntnis, dass schlechte Laune wie nichts sonst Menschen veranlasst, die schnelle Befriedigung zu suchen, hat das amerikanische Forscherteam veranlasst, nach dem Missing Link zwischen emotionalem Stress und zusammenbrechender Impulskontrolle zu fahnden. In drei verschiedenen Experimenten konnte es belegen, dass es darauf ankommt, ob Menschen ihre Stimmungen für prinzipiell veränderbar halten oder überzeugt davon sind, dass sie sowieso bei ihrer jeweiligen Laune nicht viel ausrichten können. Alles eine Frage des Mood-managements?

Die Wissenschaftler fanden nicht einen Hinweis darauf, dass emotionaler Stress selbst die Motivation zur Selbstbeherrschung beeinflusst. Die Selbstkontrolle ließ erst nach, wenn die Versuchspersonen glaubten, dass sie ihre Stimmungen verändern können. Erst die Hoffnung auf das Vergnügen, das ihnen das Essen von Schokoladenkeksen und Chips bereiten würde, ließ sie ordentlich hinlangen. Versuchspersonen der Kontrollgruppe, die man probehalber davon überzeugte, dass es zwischen dem Essen und der Stimmung keinen Zusammenhang gibt, griffen wesentlich weniger zu.

Dasselbe Ergebnis im zweiten Versuch: einem Computerspiel, in dem der Umgang mit knappen Ressourcen geübt werden konnte. Den Probanden war dabei freigestellt, aus einem virtuellen Fischteich größere Mengen von Fisch zu fangen und zu verkaufen, dabei aber den Bestand zu gefährden. Eine sinnvolle Strategie wäre gewesen, kurzfristige Profite zu meiden zugunsten einer langfristigen Vergrößerung des Fischbestands, der dann größere Gewinne abwerfen würde.

Schlechte Laune allein, experimentell herbeigeführt, veranlasste keinen Menschen, den kurzfristigen Gewinn zu bevorzugen. Die Gruppe, die davon überzeugt wurde, dass ihre Stimmung für eine Stunde eingefroren werde, indem bestimmte aromatherapeutische Verfahren auf sie einwirkten, verstand es weitaus besser, der Verlockung unmittelbaren Profits zu widerstehen. Die anderen hingegen, die glaubten, ihre Stimmungen beeinflussen zu können, waren seltener in der Lage, sich auf den späteren Gewinn zu konzentrieren. Sie fischten ihre Teiche kurzerhand leer und gaben sich mit einer geringeren, aber dafür sofort verfügbaren Ausbeute zufrieden.

Die dritte Versuchsanordnung galt der Erforschung des Trödelns im Vorfeld einer wichtigen Arbeit, für die es einen Abgabetermin gab. Warum bummeln Leute und lassen sich ablenken, wenn sie doch eigentlich für eine Prüfung lernen müssen? Ein bisschen ließen sich alle Versuchspersonen von herumliegenden Puzzles und Zeitschriften von der Aufgabe ablenken, eine Viertelstunde lang für einen Intelligenztest zu üben. Doch diejenigen, die in negativer Stimmung waren, welche sie jedoch für prinzipiell veränderbar ansahen, vertrödelten bis zu vierzehn der fünfzehn Minuten an vorgegebener Übungszeit.

Der Wunsch, eine schlechte Laune zu vertreiben, und die Überzeugung, miese Stimmung manipulieren zu können, vergrößert die Bereitschaft, sich ablenken zu lassen oder sich mit einem schnellen Griff zu Schokokeksen und Chips zu trösten, so folgerten die Wissenschaftler. Mehr noch: Allein die empfundene Unveränderlichkeit der Stimmung, nicht aber die vor und nach den Experimenten erfragte tatsächliche negative oder positive Stimmung, beeinträchtigte die Haltbarkeit von Selbstkontrolle. Der Vorher-Nachher-Vergleich der Stimmungen ergab kaum Unterschiede; wer negativ gestimmt einstieg, ging negativ gestimmt wieder aus dem Experiment heraus.

»Moral hin oder her«, räumen die Wissenschaftler bedauernd ein, »alles, was Spaß macht, ist entweder illegal, unmoralisch oder macht fett. Aber von einem rein pragmatischen Standpunkt aus enthält die nachlassende Impulskontrolle durchaus strategische Vernunft.« Die allerdings greift im Allgemeinen zu kurz. Denn das Vergnügen hält nur so lange an, wie die Tätigkeit andauert. Ob die Versuchspersonen Schokoladenkekse aßen, Computerspiele spielten oder interessante, amüsante Zeitschriften lasen: In keinem Fall dauerte die Stimmungsaufhellung an. »Vielleicht erwarteten sie auch gar keine langfristige Verbesserung ihrer Stimmung, sondern begnügten sich damit, ihre schlechte Laune kurzfristig ein wenig aufzuhellen«, vermuten die Forscher.

Muss man also die Leute nur glauben machen, dass sie etwas gegen ihre schlechte Laune unternehmen können, damit sie beherzt zugreifen? Diejenigen Probanden in diesen drei Experimenten, die von der Unbeeinflussbarkeit ihrer Stimmungen überzeugt waren, versuchten erst gar nicht, sich mit Schokolade zu trösten, behielten beim virtuellen Fischen eher den späteren Gewinn im Auge und ließen sich auch weniger vom Üben für den bevorstehenden Intelligenztest ablenken. Das hat was: Wenn weder Sahnetörtchen noch Schokoriegel, weder Shoppen noch Süffeln nachhaltig gegen die schlechte Laune helfen, umso besser – jedenfalls unter konsumstrategischen Gesichtspunkten. Sobald die Befriedigung abklingt, wacht das Bedürfnis wieder auf. Wäre das anders, würde kein Mensch nach dem ersten Schokoriegel einen weiteren kaufen: Schlechte Laune belebt das Geschäft. Gute allerdings auch.

Vom Einfluss der Stimmungen auf die Werbung

Coca-Cola platziert prinzipiell keine Spots nach den Nachrichten. Dass ein solches Stimmungsumfeld nicht zu einem ausgelassenen und fröhlichen Produkt wie Coca-Cola passe, für das emotional geworben werde, begründen die Hersteller der braunen Brause ihre Entscheidung.

Verschiedene Beispiele beschreibt der Göttinger Wissenschaftler Michael Jaekel in seiner Dissertation über den Einfluss der Stimmungen auf Werbewirkungen. Das geschickte Aufgreifen und sorgsam den Stimmungslagen des Konsumenten angepasste Reklamemittel der Wahl markiert den wichtigen, wenn nicht gar ausschlaggebenden Erfolgsfaktor gezielter Werbeeinlagen. Die Befindlichkeiten des Kunden ernst zu nehmen, rät er der werbenden Industrie dringend: »Es geht den Käufern um ihr innerstes Erleben, es geht ihnen um ihre augenblickliche Befindlichkeit. Und das sind ihre Stimmungen.«

Je positiver die Einstellung zu Produkten und Marken, desto wahrscheinlicher der Kauf. Das ist nichts Neues. Aber wie funktioniert das Feintuning der Einstellungen? Jaekel greift die Ergebnisse der kognitiven Emotionspsychologie aus der Forschung der letzten dreißig Jahre auf und konfrontiert sie mit den Absichten der Werbung. Psychology meets economy – aus dem Zauber dieser Begegnung erwächst bald eine Fülle von praktischem Tatwissen.

Involvement, sagt Michael Jaekel, das Ausmaß der inneren Beteiligung, reguliere den Weg, den die dargebotene werbliche Information im Geist des Konsumenten nimmt. Bei hohem Involvement nehme die gedankliche Verarbeitung den zentralen Weg durch die Haustür: Für und Wider werde abgewägt, zustimmende, ablehnende oder neutrale Gedanken formten sich, starke Argumente höben sich von schwachen ab.

Typischerweise im mies gelaunten Adressaten spiele sich

das Geschehen ab. »Die Empfänger prüfen die Aussagen der Werbung genauer und stützen ihr Urteil über das Angebot stärker auf Gedanken.« Niedriges Involvement nimmt das Seitentürchen. Der periphere Weg der Informationsverarbeitung folgt einfachen Hinweisen: Die Attraktivität des Kommunikators beispielsweise kommt dem entgegen.

Menschen in guter Stimmung verarbeiten weniger gedanklich als gefühlsmäßig, eher flach als tief. Werbliche Hinweise sind gehalten, stärker an der Einstellung gegenüber der Marke als am Produkt selbst anzusetzen. Die Information, welche Fußballschuhe Oliver Kahn trägt, ist für das Urteil von gut gelaunten Empfängern wichtiger als das Prüfergebnis der Stiftung Warentest hinsichtlich deren Haltbarkeit. Generell sei die gute Stimmung leichter beeinflussbar als die schlechte, aber eher mit Hinweisen als mit Argumenten. »Je mehr es gelingt, bei Empfängern in gehobenen Stimmungslagen intensive und angenehme Emotionen auszulösen, desto wahrscheinlicher werden sich diese Konsumenten in der beabsichtigten Weise verhalten.«

Doch die Schlechtgelaunten muss die Werbung deshalb noch nicht abschreiben, sondern da abholen, wo sie sind: »Wer mit Werbung schlecht gestimmte Empfänger erfolgreich beeinflussen will, sollte deshalb zustimmende Gedanken erzeugen, also solche, die für die in der Werbung vertretene Position sprechen – die hohe Qualität, die guten Konditionen von Angeboten betonen«, findet Michael Jaekel. Nicht so sehr die Stimmung verändern wollen als vielmehr an Vorhandenes anknüpfen, formuliert er ein Erfolg versprechendes Rezept: »Der Einsatz der Instrumente wird an die Stimmung der Empfänger angepasst.« Etwa so: »2 Kilo kosten diese Woche bei Plus 6,99« überzeuge stärker als eine subjektive Meinung wie »Vizir – günstig.«

Allerdings finde die Beeinflussung eine natürliche Grenze. Falls die Umworbenen den Versuch einer Stimmungsbeeinflussung erkennen, könnten sie widerspenstig reagieren, warnt Michael Jaekel: »Dann geht der Versuch fehl, verkehrt sich ins

Gegenteil, je stärker übrigens die intendierte von der vorhandenen Stimmung abweicht.« Mit Reaktanz müsse man rechnen, je massiver die Beeinflussungsversuche ausfielen, betont er und liefert damit der »No-label«-Bewegung, die mit schlechter Laune auf die Konsumbesessenheit der westlichen Welt reagiert – wenn auch unfreiwillig – eine sinnfällige Rechtfertigung. Es bräuchte schon sehr durchdachte werbliche Argumente in der vordersten Front der kapitalistischen Verteidigungslinie, um die ärgerliche Stimmung der Globalprotestler zu zerstreuen.

Gutgelaunte lassen sich stärker von ihren Gefühlen, Schlechtgelaunte stärker von ihren Gedanken leiten. Das breite Mittelfeld zeichnet sich vor allem durch Unberechenbarkeit aus.

Den Zusammenhang zwischen Werbung und Kaufverhalten als Einbahnstraße im Reiz-Reaktions-Schema zu fassen wirkt sonderbar altmodisch und wird modernen Komplikationen in den Marktstrategien nicht gerecht. Der ferngesteuerte Konsument, dessen Wünsche das Ergebnis von Werbeausgaben in Milliardenhöhe sind, entpuppt sich leicht als Muster ohne Wert. »Postmoderne Konsumenten spielen mit Produkten, Marken und Identitäten, manchmal sehr zum Leidwesen der Hersteller dieser Konsumgüter«, unterstreicht Franz Liebl, Inhaber des Lehrstuhls für strategisches Marketing an der Universität Witten/Herdecke. Während die Produzenten versuchten, Marken mit beliebigen Bedeutungen aufzuladen, deuteten die Konsumenten das Labelleuchten wiederum für sich um.

Die Herstellung von Stimmungen kann nicht nur an der Unberechenbarkeit der Konsumenten scheitern, sondern auch an den bewussten Einsichten über die Absichten von außen. Otto Friedrich Bollnow, der Tübinger Philosoph, enthüllt die Außenarbeiten am Befinden als bloße Stimmungsmache, als den »Versuch, Menschen durch gefühlsmäßige Einwirkungen zur Zustimmung für einen Plan zu gewinnen, ohne sie im eigentlichen Sinn zu überzeugen. Die Stimmung zielt hier auf die Trübung des Bewusstseins. Die Menschen lassen sich tragen vom

Einfluss der Stimmung und tauchen unter in einem unverantwortlichen Massendasein. Sie sind nicht eigentlich sie selber.«

Werbespots oder Plakatwände, auch Politiker- und Prominenten-Kampagnen machen da wenig Unterschiede. Es geht weniger um das Produkt als um die Stimmung des Käufers und die Anpassung werblicher Instrumente an verschiedene Stimmungen. Denn die Hauptsache scheint noch immer zu sein, was mit dem Materiellen mitgeliefert wird: Das Anpacken der schlechten Laune in Deutschland oder die fröhliche Runde Rum trinkender Freunde in der Karibik stehen genauso wie das Flippen mit der Kreditkarte für etwas, was sich eher mit verheißener Stimmung als mit einem Objekt der Begierde beschreiben lässt. »Stimmung ist überall da wichtig«, fasst Michael Jaekel zusammen, »wo es um die Beeinflussung von Menschen geht.«

Der übellaunige Konsument: Ein Wachstumsmarkt

Ausgewachsene Abteilungsleiter, Kinder sowieso, aber auch ewig jung gebliebene Mütter, hedonistische Singles, Sportfreaks und eine unabsehbare Zahl von erwachsenen Menschen mittleren Alters sieht man auf teuren Alu-Rollern durch die Straßen flitzen. Techno-Mamas, schräge Figuren in ihren besten Jahren, durchgeknallte Rentnerinnen, aber auch gestandene Politiker mischen sich ganz selbstverständlich in den Mainstream der jungen glatten Leiber, die alljährlich die Berliner Love Parade zur größten der Welt machen. Skater, Scooter und Raver jeden Alters, beiderlei Geschlechts und in den unterschiedlichsten wirtschaftlich-sozialen Verhältnissen lebend sind augenfällige Beispiele für das Versagen herkömmlicher Kundentypologien.

Konsum ist individuell geworden, das bedeutet auch, »dass herkömmliche Kriterien der Zielgruppenbestimmung nicht mehr besonders viel über das zu erwartende Konsumentenverhalten aussagen«, stellt der Wirtschaftswissenschaftler Franz Liebl in seinem Vortrag über die »Unbekannten Theorie-Objekte der Trendforschung« an der Berliner Volksbühne am Rosa-Luxemburg-Platz fest. »Monika, die liberale vierzigjährige Hausfrau, die gern Mozart hört, Schokoriegel isst und Strapse trägt«, existiere nur als statistische Größe, aber nicht als Person und schon gar nicht in vielfacher Ausfertigung.

Soziodemographische Merkmale und bestimmte Einstellungen lassen keine eindeutigen Aussagen über das Konsumverhalten mehr zu. Die Lage ist unübersichtlich geworden, und das bereitet Werbestrategen Kopfschmerzen. Unterschiedliche Szenen beherrschen das Bild – Gruppen, deren Mitglieder ein Merkmal eint, das weit genug gefasst ist, um die verschiedensten Menschen und ihre Lebenshintergründe unter einen Hut zu kriegen. Franz Liebl schlägt vor, andere Maßstäbe anzulegen, um die Zielgruppe zu erfassen. Und das heißt: Wünsche zu wecken, Begehrlichkeiten zu vermessen und Sehnsüchte in Kaufakte münden zu lassen.

Verbreitete Krankheiten etwa weisen zwei Aspekte auf, die für das Gemeinsame im Vielfachen stehen: Sie definieren bestimmte Lebensumstände – und damit Verhaltensweisen, Bedürfnislagen und Gewohnheiten. Und sie ebnen kulturelle ebenso wie subkulturelle Unterschiede ein. Allergiker beispielsweise, aber auch psychisch Kranke erscheinen in dieser Perspektive als Zielgruppe von beträchtlicher Größe, die Marktstrategien viele Anknüpfungspunkte für sehr spezifische Konzepte bieten.

Eigentlich muss man sich wundern, dass das Konsumverhalten bei Manie und Depression bislang kaum erforscht ist, vom Konsumverhalten schlecht gelaunter Menschen ganz zu schweigen. Dabei stehen doch bestimmte Verhaltensaspekte von Menschen, deren Stimmungen zwischen himmelhoch jauchzend und zu Tode betrübt hin und her schwanken, den tragenden Grundpfeilern des erlebnisorientierten Konsums unserer

Tage sehr nahe. Risikobereitschaft, Erlebnissuche, Product Involvement, Suchtverhalten, Innovationsverhalten, Informationssuche und hedonistischer Konsum nennt Franz Liebl sieben Facetten und fächert damit einen ganzen Strauß von Gründen dafür auf, »warum das Marketing auf depressive Konsumenten ebenso angewiesen ist, wie die Depression geeigneter Vermarktungsformen bedarf«.

Er rückt besonders die leichten Ausprägungen von Manie und Depression in den Vordergrund – weithin erlebte Stimmungsschwankungen zwischen Hoch und Tief. Opfer der mäandernden Stimmungen legen ein großes Interesse am jeweiligen Produktbereich an den Tag, wenngleich das nicht lange anhält. Ihre Bereitschaft, aus einer Laune heraus zu kaufen, ist groß – sei es, um anderen Geschenke zu machen, sei es, um sich selbst zu belohnen in einem manchmal ruinösen Kaufrausch. Das kaum bewusste strategische Kalkül, im Aufweichen der Selbstkontrolle nach Dingen und Substanzen zu verlangen, von denen mies gelaunte Menschen sich eine Verbesserung ihrer Stimmung erhoffen, trifft auf die offenen Arme der Konsumindustrie. In den Appellen, hier und jetzt gleich zuzugreifen, keinesfalls länger zu warten, in der Suggestion eines Anrechts auf Spaß und Belohnung, der Aufforderung, sich jetzt sofort etwas Gutes zu tun, stößt die Solostimme auf den Chor: Der höchst private Impuls zum kurzfristigen Ausgleich erfährt machtvolle Bestätigung von außen, die umso stärker wirkt, als sie im halbbewussten Zwielicht der Stimmungen operiert.

In ihren sozialen Netzwerken fungierten Hochgestimmte als Meinungsführer, weil sie in Hochphasen auf soziale Tuchfühlung gehen und Anschluss suchen. Enorm mitteilsam trügen sie ihre Begeisterung über Produkte und Marken weiter. Gelegentliche Langeweile, innere Rastlosigkeit und beständige Unzufriedenheit zeichneten verantwortlich für den Zusammenhang von hochgestimmten Phasen mit der Bereitschaft, neue Produkte auszuprobieren und stets neuen sinnlichen Eindrücken nachzujagen.

Dagegen erscheine das Konsumverhalten der leicht bis mittelschwer Deprimierten vordergründig wenig attraktiv. Aber besonders das routinierte Entscheidungsverhalten, mit dem sich deprimierte Menschen eine Methode schaffen, ihrer notorischen Entscheidungsschwäche zu entgehen, schlage sich im »habitualisierten Kaufverhalten« nieder, besser bekannt als Markentreue – zu Zeiten des Label-Hoppings, wie im Marketing beklagt wird, ist das keine nutzlose Erkenntnis, gibt Franz Liebl zu bedenken.

Neugieriges, aufgeschlossenes Konsumverhalten, ständig auf der Suche nach Abwechslung und nur unterbrochen von Phasen der Markentreue, um sich möglichst nicht mit Kaufentscheidungen zu belasten: »Von diesem Spagat träumen Marketingabteilungen in Zeiten fortgeschrittener Individualisierung und frei volatilen Kaufverhaltens.« Kein Zweifel, dass im Auf und Ab der Stimmungen Geschäfte blühen. »Aus den Unterschieden zwischen Hypomanie und Dysphorie lässt sich schließen, dass der ideale Konsument manisch-depressive Züge gemäßigter Schwere tragen sollte.«

Wie sich schlechte Laune zu Geld machen lässt

Seine Vermarktungsstrategie in fünf Stufen, die Franz Liebl der Depression widmet, taucht auch die schlechte Laune in ein ganz neues Licht – das der wirtschaftlichen Verwertbarkeit. Marktstrategisch betrachtet kann man die Sache so angehen: Anfangs gilt es in einer ersten Stufe, einzelne Symptome zu einem Krankheitsbild zusammenzufassen. Vormals unzusammenhängende Erscheinungen, Ereignisse und Erlebnisse werden in Zusammenhang gebracht und mit einem zugkräftigen Etikett versehen. Eine Art sozialer Konstruktion entsteht; sie verleiht den Symptomen Bedeutung, schafft Wiedererkennungswert und macht sie zum Gesprächsstoff.

Meldungen in Massenmedien, Artikel in Gesundheitsmagazinen, Bekenntnisse von Prominenten sind Schlüsselfaktoren, um ein Thema breit zu verankern. Erste Ursachenzuschreibungen runden das Geschehen auf dieser Stufe ab. Dass die schlechte Laune vom Wetter, vom Essen, vom Stress herrührt, aus Mangellagen wie zu wenig Bewegung, zu wenig Schlaf, zu wenig Sonne entsteht, darf gleichzeitig und völlig unverbunden damit behauptet werden.

Erst in der zweiten Ebene wird die soziale Unerwünschtheit des Sachverhalts hervorgehoben. Ist die Stimmungsverschlechterung eine Krankheit, ein Gebrechen oder ein Schicksalsschlag? Wir wissen es nicht. Aber fest steht: Sie macht traurig, fett und einsam. Und das möchten wir doch nicht. Wer freut sich schon an einem Griesgram? Einbußen drohen an allen Ecken: Arbeitswelt, Freizeitbereich oder Sexualsphäre sind Orte, an denen die schlechte Laune manchmal böse Folgen hat. Üblicherweise werden noch die enormen Kosten im Gesundheitswesen herausgestrichen, die aus stigmatisierten Verhaltensweisen entstehen. Wie beim Rauchen, Trinken und übermäßigen Essen legt sich die Aura des Lasters um den Sachverhalt.

Die Betroffenen sind verärgert. Konsumanreize und Märkte entstehen so nicht. Die weitere Beackerung des Feldes muss also versöhnlich wirken. Hat jeder mal, das geht vorbei ... sind Botschaften, die eine schrittweise Entstigmatisierung einleiten.

Nun wird in einer dritten Stufe das Phänomen als ein weit verbreitetes geortet. Dem gescholtenen Konsumenten ist klar zu machen, dass sein Syndrom mittlerweile solche Verbreitung hat, dass es beinahe schon wieder normal ist. Der Sphäre persönlicher Peinlichkeit enthoben, reiht sich die schlechte Laune unter normale Malaisen wie Karies, Krampfadern, Blasenschwäche und Schweißfüße. Die Volkskrankheit ist geboren, ein neu definierter Gesundheitszustand. Die Stunde der Trendaussagen hat geschlagen.

Prozentsätze, Fallzahlen, Umfrageergebnisse beweisen die

steigende Tendenz, flankiert von der Botschaft: Schlechte Laune muss nicht sein. Dagegen kann man etwas unternehmen. Die Behandlung war noch nie so erfolgversprechend wie heute. Auch ist jetzt der Zeitpunkt gekommen, die Grenzen auszuweiten, um auch die leichteren Erscheinungen wie kurz aufflackernden Ärger angesichts des knapp verpassten Busses miteinzubeziehen. Das Ziel, möglichst viele Symptome unter ein Krankheitsbild zu fassen, leistet im Fall der schlechten Laune wenig Widerstand. Denn die Vielfalt ihrer vermeintlichen Anlässe und Ausdrucksformen sprengt längst den Rahmen des Eindeutigen.

Wir nähern uns der vierten Stufe. Der Konsument erhält die Möglichkeit, diesen mittlerweile als normal und allgegenwärtig erkannten Zustand für sich zu individualisieren, um darauf seine ganz persönliche Lifestyle-Option zu formen: die Ernährung umstellen, ein Lachmuskeltraining beginnen oder lieber gleich eine Reise in den sonnigen Süden buchen, vorzugsweise im Februar. Sie kann sich etwas Hübsches zum Anziehen kaufen oder auch nur einen neuen Lippenstift, um etwas Farbe in den grauen Alltag zu bringen.

Salven von Ratschlägen prasseln nun herein; manche werden vertraulich: »Weicheier sind besser drauf«, verkünden sogar Männermagazine die frohe Botschaft, »Männer, die manchmal schwächeln, sind weniger depressiv als harte Kerle, die keine Gefühle zulassen wollen. Wer Angst hat, zu weiblich zu wirken, und deshalb den Starken markiert, zeigt eher depressive Symptome.«

Die Option, die sich in der depressiven Verstimmung bietet, ist ein Vergemeinschaftungsangebot. Aber weil es so viele Symptomkombinationen gleichzeitig gibt, schlechte Laune mit Appetitlosigkeit genauso einhergehen kann wie dem Gegenteil, werden eigenartige Kombinationen geradezu zum Ausweis von Individualität. Die Ausweitung der Kampfzone auf schwache Symptomträger erweitert nicht nur das Angebot. Auch Themenanalogien sind ein Beleg dafür, dass der Zustand der fortgeschrittenen Verbreitung erreicht wurde. Wenn Merrill Lynch die Stimmung trübt, geht sogar Hongkong gesenkten Hauptes ins Wochenende.

Auf dem Scheitelpunkt der Entwicklung darf die Perspektive kurz wechseln. Lifestyle-Optionen für Konsumenten bedeuten auf Anbieterseite Geschäftsmodell-Optionen, die sich immer feiner spezialisieren. Das Geschäft mit der Stimmung floriert. Doch es kommt noch besser.

Die fünfte Stufe gipfelt in der Pop-Kulturalisierung des Phänomens. Attraktive Angebote müssen her: Merchandising, E-Commerce und pop-kulturelle Aufarbeitungen bieten Denkfiguren an, die Identifizierungen erlauben. Zeitungsartikel zum Phänomen der schlechten Laune enden mit dem Hinweis auf ein Buch über dieses Thema, das soeben erschienen ist. Die Webseite mit Bannerwerbung, attraktiven Links, FAQs und Web-Shop ergänzt das Angebot. Songs und Texte greifen das Thema auf, zeitgenössische Romane adeln die schlechte Laune als Tristesse Royale. Die ersten T-Shirts werden mit dem Frowny bedruckt, bald ziert Kaffeetassen und Bettwäsche dasselbe Motiv. Der Schreibwarenhandel zieht nach. Eine Lawine bricht los.

Die Attitüde ist klar: Liebe dein Symptom wie dich selbst – der L'Oréal-hafte Funke ist übergesprungen: »Weil ich es mir wert bin.« Franz Liebl zitiert Slavoj Žižek: »Und insofern im Symptom ein Kern des Genießens persistiert, der jeder Interpretation widersteht, ist vielleicht auch das Ende der Analyse nicht in einer interpretativen Auflösung des Symptoms zu sehen, sondern in einer Identifikation mit ihm, mit diesem partikularen pathologischen Tick.« Na also, warum denn nicht gleich so: Meine schlechte Laune lass ich mir nicht nehmen. Nicht von dir, ey.

Das Modell Mollenhauer oder Wozu schlechte Laune gut sein kann

Eine geschenkte Geschichte von Wolfgang Brenner

Wenn man sich mit Mollenhauer treffen will, muss man gute Nerven haben. Er kommt auf jeden Fall zu spät. Die akademische Viertelstunde reicht da nicht – bei Mollenhauer kann es durchaus eine akademische Stunde werden. Ich kenne allerdings kaum jemanden, der vor Ablauf dieser quälenden Wartezeit aufgestanden und gegangen wäre. Alle wissen, dass Mollenhauer zu spät kommt. Dennoch kalkulieren sie seine Inkubationszeit nicht ein, sie sind alle pünktlich. Wenn sie es nicht wären, würde die Wartezeit zusammenschnurren, und Mollenhauer wäre kein notorischer Zuspätkommer mehr, sondern ein erträglicher Durchschnittsmensch.

Wenn Mollenhauer dann nach fünfundvierzig bis sechzig Minuten endlich das Lokal betritt, in dem man mit ihm verabredet ist, zeigt er ein mürrisches Gesicht. Man schaut unwillkürlich auf die Uhr, um sich zu vergewissern, dass man sich nicht doch in der Zeit getäuscht hat. Die Verhältnisse kehren sich unversehens um. Man ist nicht mehr der, der warten musste, sondern auf eine mysteriöse Weise suggeriert einem das Mienenspiel von Mollenhauer, dass man schuld ist. Schuld an allem. An der Auswahl des geschmacklosen Treffpunktes, an der Auswahl der ungünstigen Zeit, ja sogar an der Auswahl des unpässlichen Gesprächspartners.

Das ist eines von Mollenhauers Geheimnissen: Er setzt den anderen durch seinen seelischen Zustand ins Unrecht. Damit muss man erst einmal fertig werden. Da diese Dinge nicht offen und transparent verlaufen, sondern subkutan und nonverbal, lassen sich die meisten Opfer von Mollenhauer auf diese Rollenverteilung ein. Wir werden später sehen, dass sie es nicht etwa zähneknirschend und unter Schmerzen tun, sondern freudig und mit einem wohligen Schauder. Wo passiert einem das heute noch, dass man ohne weitschweifige Legitimationsversuche in Nullkommanix ins Unrecht gesetzt wird? Es gibt nur wenige, die sich Mollenhauer verweigern, die meisten sind so gerne an allem schuld, als hätten sie schon lange auf diese günstige Gelegenheit gewartet.

Natürlich denkt Mollenhauer nicht daran, sich für seine Verspätung zu entschuldigen. Er grüßt wortkarg und nimmt Platz wie zu einem Verhör. Es hat wenig Sinn, Mollenhauer nun mit mehr oder weniger geschickten Wendungen auf seine Verspätung aufmerksam zu machen: Er wird leugnen oder alle diesbezüglichen Vorwürfe mit Gegenvorwürfen parieren – die Lokalität betreffend, das Wetter, den Verkehr oder die Rotation um die Erdachse. Das Letztere ist übrigens eine beliebte rhetorische Figur von Mollenhauer. Man sollte sie nicht als esoterische Marotte abtun, denn dann könnte Mollenhauer einem beweisen, dass man gerade durch seine Ignoranz solchen Erscheinungen gegenüber diese befördert, wenn nicht sogar erst herbeiführt.

Mollenhauer lässt grundsätzlich seine Jacke an und zeigt zitternd, wie sehr ihn friert – im Dezember ebenso wie im August. Das hat damit zu tun, dass er das Lokal, in dem man mit ihm verabredet ist, nicht billigt. Man kann dann zuvorkommend auf bessere Restaurants oder Cafés verweisen, in die man ausweichen könnte – nur um von Mollenhauer zu hören, dass die genannten Ausweichmöglichkeiten noch größere Zumutungen seien.

Die Bedienung eines Lokals hat immer schlechte Karten bei Mollenhauer. Man sollte aber nie den Fehler machen, sich mit diesen fest angestellten Watschenmännern und -frauen zu solidarisieren. Erstens werden sie dafür bezahlt, Mollenhauer die rechte und die linke Backe hinzuhalten. Zweitens macht man sich mit solchen Aktionen Mollenhauer nur noch mehr zum

Feind. Wer einmal erlebt hat, wie er sich in einem Nobellokal auf offener Bühne mit dem drangsalierten Kellner verbündet hat, um gemeinsam über den herzufallen, der sich dort mit ihm verabredet hatte, der wird nie wieder seinem sozialen Gewissen folgen.

Nachdem die Bedienung zu hören bekommen hat, wie stickig die Luft ist, wie dünn der Espresso, wie klumpig der Zucker, wie laut die dezente Musik, wie asozial die übrigen Gäste, wie geschmacklos das Plakat im Flur und wie verstopft die Toilette, kann die Unterhaltung beginnen.

Es hat wenig Sinn, ihn aufmuntern zu wollen. Mollenhauer kommt punktgenau da hin, wo er hin will: auf den miserablen Zustand seiner Gesundheit, auf die Schlechtigkeit der Welt und auf die für beides verantwortliche Rotation um die Erdachse. Mit optimistischen Meldungen aus der eigenen Beziehung oder über die eigene großartige Konstitution dagegenzuhalten ist müßig. Mollenhauer ist in der Lage, mit wenigen Bemerkungen über den Charakter der Liebsten oder über die schlechte Haltung und den schwellenden Bauch, die ihm beim Hereinkommen schon aufgefallen sind, ein ganzes Lebensgebäude zum Einsturz zu bringen. Auch sympathetisches Einstimmen in das Klagelied ist zwecklos: Mollenhauer hat nicht mal ein Lächeln für jemanden übrig, der glaubt, es ginge ihm nur annähernd so schlecht wie ihm. Solche Anmaßungen straft er mit Verachtung und dem lapidaren Satz: »Du hast ja keine Ahnung, wie gut es dir geht.«

Mollenhauer hat schlechte Laune. Es handelt sich bei ihm nicht um eine vorübergehende Unpässlichkeit – seine schlechte Laune ist eine Lebenshaltung. Eine Lebenshaltung, die er seit Jahrzehnten pflegt und die sich – unter uns gesagt – bewährt hat.

Wo Mollenhauer auch hinkommt, wird er wie ein rohes Ei behandelt. Die Leute stecken die Köpfe zusammen und tuscheln darüber, wie schlecht er wieder aussieht. Dass seine viel versprechende Beziehung mit der viel versprechenden Dramatikerin gerade in die Brüche gegangen ist und er noch nichts neues Vielversprechendes gefunden hat, weil er so wählerisch und so schwierig ist und es eigentlich nur Frauen bei ihm aushalten, die einen intellektuell sublimierten Hang zum Masochismus haben. Dass seine Bank die Stahlrollläden runterlässt, wenn Mollenhauer um die Ecke biegt. Und dass er seinen letzten Job im Brecht-Ensemble gerade hingeschmissen hat, weil Peymann ebenso wenig Verständnis für seinen Charakter aufbrachte wie seinerzeit Wim Wenders oder Rolf Hochhuth. Dass es eigentlich nur einen gab, der den chronisch schlecht gelaunten Mollenhauer in seiner Nähe ertragen habe – und das sei Rainer Werner Fassbinder gewesen, wenn auch böse Zungen behaupten, gerade Mollenhauers schlechte Laune sei das gewesen, was Fassbinder letzten Endes in den Tod getrieben habe.

Das ist natürlich maßlos übertrieben wie fast alles, was über Mollenhauer in Umlauf ist. Aber die Übertreibung gehört dazu. Mollenhauer ist ein Virtuose der Übertreibung. Es gibt keine negative Regung, kein ungutes Gefühl, kein noch so unbedeutendes Unbehagen, das er nicht auf der Stelle überlebensgroß ausleben würde.

Und die Leute um ihn herum danken es ihm – so grotesk das auch klingen mag.

Wer hat sich nicht schon mal mit einem chronisch gut gelaunten Menschen herumschlagen müssen? Es gibt nichts Anstrengenderes, nichts zerrt mehr an den Nerven als Optimismus, Menschenliebe und Verständnis, sobald sie sich zum Aggregatzustand eines Charakters verfestigen.

Wie viel anregender, wie viel kreativer, wie viel kurzweiliger ist dagegen ein schlecht gelaunter Mensch wie Mollenhauer! Gestandene Männer, die tagsüber über Schicksale von ganzen Großfamilien entscheiden, werden weich angesichts des Elends, das er extra für sie zelebriert. Sie bieten ihm Jobs und Geldspritzen an. Die Jobs lehnt er ab, weil er sie alle beschissen findet, das Geld nimmt er – nicht ohne den Spender darauf hinzuweisen, dass es eine Zumutung wäre, eine prompte Rückzahlung zu erwarten. Und peng – wieder hat derjenige, der es gut meinte, ein schlechtes Gewissen. So gewinnt Mollenhauer letzten Endes alle für sich – ob sie wollen oder nicht.

Junge und attraktive Frauen sträuben sich meist ein wenig, weil Mollenhauer sie anfänglich zu behandeln pflegt wie Motten, die sich in seinem Kleiderschrank eingenistet haben. Aber schon nach einer halben Stunde kann man auf jeder Party beobachten, dass die Schönheiten, die eben noch über sein schlechtes Benehmen die Nase gerümpft haben, neben ihm auf der Couch sitzen und erschrocken der kargen Schilderung seines letzten Offenbarungseides oder seiner vorletzten Prostata-Untersuchung zuhören.

Es dauert dann noch eine Viertelstunde, bis sie seine Hand halten. Meistens nimmt er sie mit nach Hause, aber nur um sich Tage später zu beklagen, diese jungen Dinger brächten eine Anspruchshaltung in seine Bude, die er nicht unterstützen könne: So hätte seine neueste Eroberung darauf bestanden, morgens ein Frühstück und abends ein warmes Essen zu bekommen. Das habe er natürlich nicht mitgemacht und sie rausgeschmissen. Wer wagt da zu widersprechen?

Wer Mollenhauer kennt, weiß, dass seine Miesepetrigkeit nicht kalkuliert ist. Er legt wenig Wert auf Geldzuwendungen und Jobangebote. Und die jungen Frauen, die sich aus karitativen Gründen seiner annehmen, sind eine nicht immer willkommene Ablenkung von seiner Mission – der Beschäftigung mit sich selbst unter besonderer Berücksichtigung des Elends, in dem er gerade wieder steckt.

Mollenhauer ist so geworden, wie er ist. Früher war er anders. Früher hatte er eine sympathische Freundin, die zu ihm passte. Früher hatte er echte Freunde. Früher verbreitete er keinen Schrecken, sondern Frohsinn und Lebensfreude. Früher war er offen und freundlich, ja leutselig. Aber die Menschen haben es ihm nicht gedankt. Sie haben ihn nicht wirklich schlecht behandelt, sie haben ihn so behandelt, wie man leutselige und freundliche Zeitgenossen behandelt: mit einer gewissen Herablassung und Enerviertheit.

Da Mollenhauer – das gehört zu einem schlecht gelaunten Menschen unbedingt dazu – sehr feinfühlig ist, hat ihn das geschmerzt. Er erlitt eine Enttäuschung nach der anderen. Die Menschheit wurde ihm eine unerträgliche Zumutung. Und irgendwann verstand er, wer schuld war an diesem Desaster: er selbst.

Wer zu offen, zu defensiv, zu tolerant, zu vertrauensselig und arglos ist, der fordert die Schlechtigkeit der Mitmenschen geradezu heraus. Sie verstehen sein umgängliches Wesen als Einladung dazu, ihm zu beweisen, dass die Welt nun mal nicht so ist, wie er glaubt. Deshalb musste Mollenhauer früher unentwegt Ohrfeigen einstecken.

Irgendwann hatte diese Prozedur aber ihre pädagogische Wirkung erreicht. Mollenhauer erzog sich systematisch zur schlechten Laune. Nicht nur dass dieser Zustand ein Trost war für die erlittenen Blessuren – er musste nicht mehr die Zähne zusammenbeißen und gute Miene zum bösen Spiel machen. Er durfte sich seinen Narben hingeben, sie pflegen und mystifizieren. Augenblicklich wich der Schmerz einer angenehmen Melancholie, dem wohligen Leiden an der Schlechtigkeit der Welt.

Mollenhauer bemerkte auch sehr schnell, welche enorme soziale Prävention sein neuer Zustand mit sich brachte. Niemand verging sich mehr an ihm, weil jeder wusste: Ein falsches Wort, eine unbedachte Geste – und mühsam gebändigter Zorn bricht aus. Und unter der Hand wurden Mollenhauer nun die Rücksichtnahme und die Umsicht zuteil, die er sich als sensibler Charakter früher ersehnt hatte.

Das hat nichts damit zu tun, dass Mollenhauer Künstler ist und zu diesem Berufsbild eine gewisse Unverträglichkeit gehört. Die schlechte Laune, die Mollenhauer für sich entdeckt hat, ist ein durchaus empfehlenswertes Modell für jedermann. Und ein schlechtes Gewissen muss niemand dabei haben: Wie gesagt, die Menschen mögen es, sie verlangen geradezu danach. Genau genommen tut man ihnen mit schlechter Laune etwas Gutes – womit der Kreis sich schließt. Auf seine Art ist Mollenhauer bei seiner Menschenliebe geblieben. Nur praktiziert er sie jetzt nicht mehr so offen, sondern fein kultiviert – als schlechte Laune.

Literatur

ABELE, A.: *Stimmung und Leistung.* Göttingen 1995.

ABELE-BREHM, A.: *Alltagsvorstellungen zum Einfluss positiver und negativer Stimmungen auf die aufgabenbezogene Motivation.* In: Zeitschrift für experimentelle und angewandte Psychologie, 39/1992.

AVERILL, J. R.: *Inner feelings, works of the flesh, the beast within, diseases of the mind, driving force, and putting on a show: Six metaphors of emotion and their theoretical extensions.* Cambridge 1990, S. 104–133.

BLESS, H.: *Stimmung und Denken. Ein Modell zum Einfluss von Stimmungen auf Denkprozesse.* Göttingen 1997.

BOLGER, N., DELONGIS, A., KESSLER, R. C., SCHILLING, E. A.: *Effects of daily stress on negative mood. In: Journal of Personality and Social Psychology,* 5/1989.

BOLLNOW, O. F.: *Das Wesen der Stimmungen.* Frankfurt 1956.

BURTON, R.: *Anatomie der Melancholie.* München 1991.

DARWIN, CH.: *Der Ausdruck der Gemütsbewegungen bei den Menschen und den Tieren.* Hrsg. und kommentiert von Paul Ekman. Frankfurt 2000.

DITFURTH, H. VON: *Der Geist fiel nicht vom Himmel. Die Evolution unseres Bewusstseins.* München 1980.

GOLEMAN, D.: *EQ – Emotionale Intelligenz.* München 1997.

GÖRITZ, A.: *Stimmungsinduktion über das www.* In: Psychologie Report, 3/2002.

GOERSCH, A.-M.: *Die Launen der Sachlichkeit: Der Einfluss der Stimmung auf unser Denken und Handeln.* Regensburg 2000.

HÄUSEL, H.-G.: *Think Limbic! Die Macht des Unbewussten verstehen und nutzen für Motivation, Marketing, Management.* Planegg 2000.

HEGEMANN, C. (Hrsg.): *Erniedrigung genießen. Kapitalismus und Depression III. Vortragsreihe.* Berlin 2001.

HEIDEGGER, M.: *Sein und Zeit.* Tübingen 2001.

HELLPACH, W.: *Die geopsychischen Erscheinungen. Wetter, Klima und Landschaft in ihrem Einfluss auf das Seelenleben.* 1911 und 1959.

HIPPE, H.: *Melancholie. Ermutigung zum Coming-out.* In: Psychologie Heute, 11/2001.

HOCHSCHILD, A. R.: *Das gekaufte Herz. Zur Kommerzialisierung der Gefühle.* Frankfurt 1989.

JAEKEL, M.: *Einflüsse der Stimmungen auf Werbewirkungen.* Aachen 1997.

KAHLE, G. (Hrsg.): *Logik des Herzens. Die soziale Dimension der Gefühle.* Frankfurt 1981.

KROIS, J. M.: *Cassirer und die Politik der Physiognomik*. In: Schmölders, C. (Hrsg.): Der exzentrische Blick, Gespräch über Physiognomik. Berlin 1996.

LÄMMERT, E.: *Wetter-Dienste in der Literatur.* In: Wehry, W. (Hrsg.): Wetterinformation für jedermann – aber wie? Berlin 1991.

LANDAU, T.: *Von Angesicht zu Angesicht. Was Gesichter verraten und was sie verbergen*. Heidelberg 1993.

LE DOUX, J.: *The Emotional Brain. The Mysterious Underpinnings of Emotional Life.* New York 1996. Deutsch: Das Netz der Gefühle. Wie Emotionen entstehen. München 2001.

LIEBL, F.: *Depression und die Strategien ihrer Vermarktung.* In: Hegemann, C. (Hrsg.): Erniedrigung genießen. Kapitalismus und Depression III. Berlin 2001.

MEES, U. (Hrsg.): *Psychologie des Ärgers*. Göttingen 1992.

NEUMANN, R., STRACK, F.: *Mood Contagion: The automatic transfer of mood between persons*. In: Journal of Personality and Social Psychology, 2/2000.

NIEHENKE, P.: *Astrologie. Eine Einführung.* Stuttgart 1994.

NUBER, U.: *Was ist nur mit mir los? Die stille Revolution in der Lebensmitte*. In: Psychologie Heute, 4/2002.

PAOLI, G.: *Lasst euch nicht gehen*. In: Hegemann, C. (Hrsg.): Erniedrigung genießen. Kapitalismus und Depression III. Berlin 2001.

PARKINSON, B., TOTTERDELL, P., BRINER, R., REYNOLDS, S.: *Stimmungen. Struktur, Dynamik und Beeinflussungsmöglichkeiten eines psychologischen Phänomens*. Stuttgart 2000.

PARROT, W. G., SABINI, J.: *Mood and memory under natural conditions: Evidence for mood incongruent recall*. In: Journal of Personality and Social Psychology, 2/1990.

SAUM-ALDEHOFF, T.: *Wie wir mit Stimmungen die Psyche färben*. In: Psychologie Heute, 4/2002.

SCHMAUKS, D.: *Körpermetaphern und Organsprache: Zwischen Linguistik und Psychosomatik*. Memo Nr.18, Universität des Saarlandes 1998.

SCHMAUKS, D.: *Wetter- und Klimametaphern*. In: Tagungsband der Tagung »Wetterinformationen für die Öffentlichkeit«. Berlin 1998.

SCHMÖLDERS, C. (Hrsg.): *Der exzentrische Blick. Gespräch über Physiognomik*. Berlin 1996.

SCHOLZ, O. B.: *Kurz- und mittelfristige Effekte hypnotischer Stimmungsinduktion*. In: Zeitschrift für Psychologie, 2/2001.

SCHWARZ, N.: *Stimmung als Information: Untersuchungen zum Einfluss von Stimmungen auf die Bewertung des eigenen Lebens*. Berlin 1987.

SPIES, K.: *Negative Stimmungen und kognitive Verarbeitungskapazität*. Münster 1995.

Tice, D., Bratslavsky, E., Baumeister, R. F.: *Emotional distress regulation takes precedence over impulse control: If you feel bad, do it!* In: Journal of Personality and Social Psychology, 1/2001.

Totterdell, P.: *Mood scores: Mood and performance in professional cricketers.* In: British Journal of Psychology, 90/1999.

Wehry, W. (Hrsg.): *Wetterinformation für jedermann – aber wie?* Berlin 1991.

Wuketits, F.: *Der Affe in uns. Warum unsere Kultur an unserer Natur zu scheitern droht.* Stuttgart 2002.

Die Zitate von Andrea Abele-Brehm, Heiko Ernst, Hans Frädrich, Ruben Gralki, Hans-Georg Häusel, Harry Jäger, Uwe Mees, Roland Neumann, Peter Niehenke, Rüdiger Pankow, Mona Riegger, Dagmar Schmauks, Lutz Störmer, Jörg Ulbricht und Franz Wuketits stammen, sofern im Text nicht anders angegeben, aus Gesprächen mit der Autorin.